SÍNODO DOS BISPOS
ASSEMBLEIA ESPECIAL PARA
A REGIÃO PAN-AMAZÔNICA

AMAZÔNIA:
NOVOS CAMINHOS PARA A IGREJA E PARA UMA ECOLOGIA INTEGRAL

INSTRUMENTUM LABORIS

© 2019

Título original: *Instrumentum Laboris per l'Assemblea Speciale del Sinodo dei Vescovi per la Regione Panamazzonica*

Direção-geral: *Flávia Reginatto*
Editora responsável: *Maria Goretti de Oliveira*
Copidesque: *Ana Cecilia Mari*
Coordenação de revisão: *Marina Mendonça*
Revisão: *Ana Cecilia Mari*
Gerente de produção: *Felício Calegaro Neto*
Produção de arte: *Tiago Filu*

1ª edição – 2019

Nenhuma parte desta obra poderá ser reproduzida ou transmitida por qualquer forma e/ou quaisquer meios (eletrônico ou mecânico, incluindo fotocópia e gravação) ou arquivada em qualquer sistema ou banco de dados sem permissão escrita da Editora. Direitos reservados.

Paulinas
Rua Dona Inácia Uchoa, 62
04110-020 – São Paulo – SP (Brasil)
Tel.: (11) 2125-3500
http://www.paulinas.com.br – editora@paulinas.com.br
Telemarketing e SAC: 0800-7010081
© Pia Sociedade Filhas de São Paulo – São Paulo, 2019

SIGLAS

AG	Decreto *Ad Gentes*: sobre a Atividade Missionária da Igreja, Paulo VI, Concílio Vaticano II, 1965.
AL	Exortação Apostólica pós-sinodal *Amoris Laetitia*, Francisco, 2016.
CIMI	Conselho Indigenista Missionário, CNBB, Brasil.
CNBB	Conferência Nacional dos Bispos do Brasil.
CV	Encíclica *Caritas in Veritate*, Bento XVI, 2009.
DAp	Documento da V Conferência Geral do Episcopado Latino-Americano e do Caribe (CELAM), Aparecida, Brasil, 2007.
DM	Documento da II Conferência Geral do Episcopado Latino-Americano e do Caribe (CELAM), Medellín, Colômbia, 1968.
Doc. Bolivia	Doc. Bolivia: *Informe país: consulta pre-sinodal*. Bolivia, 2019.
Doc. Eixo de Fronteiras	Doc. *Eixo de Fronteiras* (2019). Preparação para o Sínodo sobre a Amazônia. Tabatinga, Brasil, de 11 a 13 de fevereiro de 2019.

Doc. Manaus	Documento da Assembleia dos Regionais Norte 1 e 2 da CNBB, "A Igreja se faz carne e arma sua tenda na Amazônia", Manaus, 1997, em: CONFERÊNCIA NACIONAL DOS BISPOS DO BRASIL. *Desafio missionário*: documentos da Igreja na Amazônia. Coletânea. Brasília: Ed. CNBB, 2014, p. 67-84.
Doc. Preparatório	Documento Preparatório do Sínodo para a Amazônia: Novos Caminhos para a Igreja e para uma Ecologia Integral, Secretaria Geral do Sínodo dos Bispos, 2018.
Doc. Venezuela	Doc. *Venezuela. CEV. Respuestas asambleas* (2019).
DP	Documento da III Conferência Geral do Episcopado Latino-Americano e do Caribe (CELAM), Puebla, México, 1979.
DSD	Documento da IV Conferência Geral do Episcopado Latino-Americano e do Caribe (CELAM), Santo Domingo, República Dominicana, 1992.
DV	Constituição dogmática *Dei Verbum*: sobre a Revelação divina. Concílio Vaticano II, 1965.
EC	Constituição Apostólica *Episcopalis Communio*, Francisco, 2018.
EG	Exortação Apostólica *Evangelii Gaudium*, Francisco, 2013.

Fr.PM	Discurso do Santo Padre Francisco por ocasião do "Encontro com os Povos da Amazônia". Coliseu Madre de Dios (Puerto Maldonado, Peru), 19 de janeiro de 2018.
IBGE	Instituto Brasileiro de Geografia e Estatística.
LS	Carta Encíclica *Laudato Si'*: sobre o cuidado da casa comum, Francisco, 2015.
NMI	Carta Apostólica *Novo Millennio Ineunte*, João Paulo II, 2001.
OA	Carta Apostólica *Octogesima Adveniens*, Paulo VI, 1971.
PIAV	Povos indígenas em isolamento voluntário.
RM	Carta Encíclica *Redemptoris Missio*, João Paulo II, 1990.
RP	Exortação Apostólica pós-sinodal *Reconciliatio et Paenitentia*, João Paulo II, 1984.
SC	Constituição *Sacrosanctum Concilium*: sobre a sagrada Liturgia, Concílio Vaticano II, 1963.
Sint.REPAM	A A.VV. "Sistematización de aportes esenciales desde las voces de los actores territoriales", en: REPAM. *Amazonía: Nuevos Caminos para la Iglesia y para la Ecología Integral. Síntesis general de la red eclesial Pan amazónica – REPAM –*

	Asambleas Territoriales, Foros Temáticos, Contribuciones especiales y escuchas sobre el sínodo, Secretaría Ejecutiva de la REPAM, Quito, 2019.
SRS	Carta Encíclica *Sollicitudo Rei Socialis*, João Paulo II, 1987.
VG	Constituição Apostólica *Veritatis Gaudium*: sobre as Universidades e as Faculdades Eclesiásticas, Francisco, 2017.

SUMÁRIO

Introdução 9

Parte I. A voz da Amazônia 13

Capítulo I. Vida 15

Capítulo II. Território 23

Capítulo III. Tempo (*Kairós*) 29

Capítulo IV. Diálogo 33

Parte II. Ecologia integral: o clamor da terra
e dos pobres 39

Capítulo I. Destruição extrativista 41

Capítulo II. Povos Indígenas em Isolamento
Voluntário (PIAV): ameaças e proteção 49

Capítulo III. Migração 53

Capítulo IV. Urbanização 59

Capítulo V. Família e comunidade 63

Capítulo VI. Corrupção 67

Capítulo VII. A questão da saúde integral 71

Capítulo VIII. Educação integral 75

Capítulo IX. A conversão ecológica 81

Parte III. Igreja profética na Amazônia:
desafios e esperanças 87

Capítulo I. Igreja com rosto amazônico
e missionário... 89

Capítulo II. Desafios da inculturação
e da interculturalidade 95

Capítulo III. A celebração da fé:
uma liturgia inculturada 101

Capítulo IV. A organização das comunidades 105

Capítulo V. A evangelização nas cidades.............113

Capítulo VI. Diálogo ecumênico e inter-religioso ... 117

Capítulo VII. Missão dos meios de comunicação.... 119

Capítulo VIII. O papel profético da Igreja
e a promoção humana integral................................. 123

INTRODUÇÃO

"O Sínodo dos Bispos deve tornar-se
cada vez mais um instrumento privilegiado
de escuta do Povo de Deus: 'Para os Padres
sinodais pedimos, antes de mais nada,
do Espírito Santo, o dom da escuta: escuta
de Deus, até ouvir com ele o grito do povo;
escuta do povo, até respirar nele a vontade
a que Deus nos chama'" (EC, 6).

1. No dia 15 de outubro de 2017, o papa Francisco anunciou a convocação de um Sínodo Especial para a Amazônia, dando início a um processo de escuta sinodal que começou na própria região amazônica, com sua visita a Puerto Maldonado (19 de janeiro de 2018). O presente *Instrumentum Laboris* é fruto deste vasto processo, que inclui a redação do Documento Preparatório para o Sínodo em junho de 2018; e um amplo inquérito entre as comunidades amazônicas.[1]

2. Hoje a Igreja tem novamente a oportunidade de ser ouvinte nessa região, onde há muito em jogo. A escuta implica o reconhecimento da irrupção da Amazônia como um novo sujeito. Este novo sujeito, que não foi considerado

---

[1] À margem deste processo oficial, foram celebrados numerosos seminários, em Washington, D.C., Roma e Bogotá, com peritos em diferentes áreas e com representantes de povos amazônicos, para refletir sobre as questões aqui analisadas.

suficientemente no contexto nacional ou mundial, nem sequer na vida da Igreja, agora constitui um interlocutor privilegiado.

3. No entanto, a escuta não é nada fácil. Por um lado, a síntese das respostas ao questionário por parte das Conferências Episcopais e das comunidades será sempre incompleta e insuficiente. Por outro, a tendência a homologar os conteúdos e as propostas requer um processo de conversão ecológica e pastoral para deixar-se interpelar seriamente pelas periferias geográficas e existenciais (cf. EG, 20). Este processo deve continuar, durante e depois do Sínodo, como um elemento central da vida futura da Igreja. A Amazônia clama por uma resposta concreta e reconciliadora.

4. O *Instrumentum Laboris* consta de três partes: a primeira, o ver-escutar, intitula-se *A voz da Amazônia,* e tem a finalidade de apresentar a realidade do território e de seus povos. Na segunda parte, *Ecologia integral: o clamor da terra e dos pobres*, aborda-se a problemática ecológica e pastoral; e na terceira parte, *Igreja profética na Amazônia: desafios e esperanças*, a problemática eclesiológica e pastoral.

5. Dessa maneira, a escuta dos povos e da terra, por parte de uma Igreja chamada a ser cada vez mais sinodal, começa entrando em contato com a realidade contrastante de uma Amazônia repleta de vida e sabedoria. Continua com o clamor provocado pela desflorestação e pela destruição extrativista, que reclama uma conversão ecológica integral. E conclui com o encontro com as culturas que inspiram os novos caminhos, desafios e esperanças de uma Igreja que

deseja ser samaritana e profética através de uma conversão pastoral. Seguindo a proposta da Rede Eclesial Pan-Amazônica (REPAM), o documento se estrutura com base nas três conversões às quais nos convida o papa Francisco: a conversão pastoral, a qual nos chama através da Exortação Apostólica *Evangelii Gaudium* (ver-escutar); a conversão ecológica, mediante a Encíclica *Laudato Si'*, que orienta o rumo (julgar-atuar); e a conversão à sinodalidade eclesial, através da Constituição Apostólica *Episcopalis Communio*, que estrutura o caminhar juntos (julgar-atuar). Tudo isso num processo dinâmico de escuta e discernimento dos novos caminhos, ao longo dos quais a Igreja na Amazônia anunciará o Evangelho de Jesus Cristo durante os próximos anos.

PARTE I

A voz da Amazônia

"É bom que agora sejais vós próprios
a autodefinir-vos e a mostrar-nos a vossa
identidade. Precisamos escutar-vos" (Fr.PM).

6. A evangelização na América Latina constituiu
um dom da Providência que chama todos à salvação em
Cristo. Apesar da colonização militar, política e cultural,
e para além da ganância e da ambição dos colonizadores,
numerosos missionários entregaram a própria vida para
transmitir o Evangelho. O sentido missional não somente
inspirou a formação de comunidades cristãs como também uma legislação, como as Leis das Índias, que pro-
tegiam a dignidade dos indígenas contra as violações de
seus povos e territórios. Tais abusos provocaram feridas
nas comunidades e ofuscaram a mensagem da Boa-Nova; o anúncio de Cristo se realizou frequentemente em
conivência com os poderes que exploravam os recursos
e oprimiam as populações.

7. Hoje em dia, a Igreja tem a oportunidade histórica de
se diferenciar claramente das novas potências colonizado-
ras, ouvindo os povos amazônicos para poder exercer com
transparência seu papel profético. A crise socioambiental
abre novas oportunidades para apresentar Cristo em toda

sua potencialidade libertadora e humanizadora. Este primeiro capítulo se estrutura sobre quatro conceitos-chave, intimamente relacionados entre si: vida, território, tempo e diálogo, em que se encarna a Igreja com rosto amazônico e missionário.

CAPÍTULO I

VIDA

"Vim para que os homens tenham vida,
e a tenham em abundância" (Jo 10,10).

Amazônia, fonte de vida

8. Este Sínodo se desenvolve ao redor da *vida*: a vida do território amazônico e de seus povos, a vida da Igreja, a vida do planeta. Como refletem as consultas às comunidades amazônicas, a vida na Amazônia se identifica, entre outras coisas, com a *água*. O rio Amazonas é como uma artéria do continente e do mundo, flui como veias da flora e fauna do território, como manancial de seus povos, de suas culturas e de suas expressões espirituais. Como o Éden (cf. Gn 2,6), a água é nascente de vida, mas também ligação entre suas diferentes manifestações de vida, na qual tudo está interligado (cf. LS, 16, 91, 117, 138 e 240). "O rio não nos separa, mas nos une, ajudando-nos a conviver entre diferentes culturas e línguas."[1]

9. A bacia do rio Amazonas e as florestas tropicais que a circundam nutrem os solos e, através da reciclagem de umidade, regulam os ciclos da água, energia e carbono do planeta. O rio Amazonas lança sozinho no oceano Atlântico,

---

[1] Doc. *Eixo de Fronteiras*, p. 3.

todos os anos, 15% do total de água doce do planeta.[2] Por isso, a Amazônia é essencial para a distribuição das chuvas em outras regiões remotas da América do Sul e contribui para os grandes movimentos de ar ao redor do planeta. Além disso, alimenta a natureza, a vida e as culturas de milhares de comunidades indígenas, camponesas, afrodescendentes, tanto ribeirinhas como urbanas. No entanto, convém destacar que, segundos peritos internacionais, no que diz respeito à mudança climática de origem antropogênica, a Amazônia é a segunda área mais vulnerável do planeta, depois do Ártico.

10. O território da Amazônia abrange uma parte do Brasil, da Bolívia, do Peru, do Equador, da Colômbia, da Venezuela, da Guiana, do Suriname e da Guiana Francesa, em uma extensão de 7,8 milhões de km^2, no coração da América do Sul. As florestas amazônicas cobrem aproximadamente 5,3 milhões de km^2, o que representa 40% da área de florestas tropicais do globo. Isto corresponde a apenas 3,6% da área de terras emersas do planeta, que ocupam cerca de 149 milhões de km^2, ou seja, aproximadamente 30% da superfície do nosso planeta. Geologicamente, o território amazônico contém uma das biosferas mais ricas e complexas do planeta. A superabundância natural de água, calor e umidade faz com que os ecossistemas da Amazônia abriguem cerca de 10 a 15% da biodiversidade terrestre, armazenando todos os anos de 150 a 200 bilhões de toneladas de carbono.

---

[2] Cf. Nobre, C. A. et al. (2016). "The Fate of the Amazon Forests: land-use and climate change risks and the need of a novel sustainable development paradigm". *Proceedings of the National Academy of Sciences*, U.S.A., 113 (39), September 2016.

Vida em abundância

11. Jesus oferece uma vida em abundância (cf. Jo 10,10), uma vida repleta de Deus, uma vida salvífica (*zōē*), que começa na criação e se manifesta já no mais elementar da vida (*bios*). Na Amazônia, ela se reflete em sua abundante biodiversidade e em suas culturas. Isto é, uma vida plena e íntegra, uma vida que canta, um hino à vida, como o canto dos rios. É uma vida que dança e que representa a divindade e nossa relação com ela. "Nosso serviço pastoral", como afirmaram os bispos em Aparecida, constitui um serviço "à vida plena dos povos indígenas [a qual] exige que anunciemos a Jesus Cristo e a Boa-Nova do Reino de Deus, denunciemos as situações de pecado, as estruturas de morte, a violência e as injustiças internas e externas, e fomentemos o diálogo intercultural, inter-religioso e ecumênico" (DAp, 95). Procuremos discernir este anúncio e esta denúncia à luz de Jesus Cristo, o Vivente (cf. Ap 1,18), plenitude da revelação (cf. DV, 2).

O "bem viver"

12. A busca da vida em abundância por parte dos povos indígenas amazônicos se concretiza naquilo que eles definem como "bem viver".[3] Trata-se de viver em "harmonia consigo mesmo, com a natureza, com os seres humanos e com o Ser supremo, dado que existe uma intercomunica-

---

[3] Em suas línguas encontra-se em diferentes expressões, como *sumak kawsay* em quíchua, ou *suma qamaña* em aimará, ou ainda *teko porã* em guarani. Na filosofia africana, a palavra *ubuntu* significa algo comparável com o *sumak kawsay* quíchua: generosidade, solidariedade, compaixão para com os necessitados e desejo sincero de felicidade e de harmonia entre todos.

ção entre o cosmo inteiro, onde não há excludentes nem excluídos, e que entre todos nós podemos forjar um projeto de vida plena".[4]

13. Essa compreensão da vida se caracteriza pela conectividade e harmonia de relações entre a água, o território e a natureza, a vida comunitária e a cultura, Deus e as diferentes forças espirituais. Para eles, "bem viver" significa compreender a centralidade do caráter relacional-transcendente dos seres humanos e da criação, e supõe um "bem fazer". Não se podem desconectar as dimensões materiais e espirituais. Esse modo integral se expressa em sua própria maneira de se organizar, que começa pela família e a comunidade, abrangendo uma utilização responsável de todos os bens da criação. Alguns deles falam em caminhar rumo à "terra sem males", ou em busca do "santo monte", imagens que refletem o movimento e a noção comunitária da existência.

Vida ameaçada

14. No entanto, a vida na Amazônia está ameaçada pela destruição e exploração ambiental, pela violação sistemática dos direitos humanos elementares da população amazônica.

---

[4] Cf. "El grito del *sumak kawsay* en la Amazonía", Declaração dos povos e nacionalidades indígenas das regiões de Mesoamérica, Andina Caribe, Cone Sul e Amazônia, reunidos na cidade de Pujili-Cotopaxi com o objetivo de aprofundar o verdadeiro sentido do *sumak kawsay*, em: *home page* do Vicariato de Aguarico; Acosta, Alberto (2008). *El Buen Vivir, una oportunidad por construir*, Ecuador Debate: Quito; cf. "Sumak Kawsa, Suma Qamaña, Teko Porã. O Bem-Viver" (Ano X, n. 340, de 23.08.2010), em: IHUOnlineEdicao 340.pdf.

De modo especial, a violação dos direitos dos povos originários, como o direito ao território, à autodeterminação, à demarcação dos territórios e à consulta e ao consentimento prévios. Segundo as comunidades participantes nessa escuta sinodal, a ameaça à vida deriva de interesses econômicos e políticos dos setores dominantes da sociedade atual, de maneira especial de empresas extrativistas, muitas vezes em conivência ou com a permissividade dos governos locais, nacionais, ou das autoridades tradicionais (dos próprios indígenas). Como afirma o papa Francisco, quem persegue tais interesses pareceria estar desligado ou ser indiferente aos clamores dos pobres e da terra (cf. LS, 49 e 91).

15. Em conformidade com aquilo que sobressai das múltiplas consultas realizadas em muitas das regiões amazônicas, as comunidades consideram que a vida na Amazônia está ameaçada, sobretudo: (a) pela criminalização e assassinato de líderes e defensores do território; (b) pela apropriação e privatização de bens da natureza, como a própria água; (c) por concessões madeireiras legais e pela entrada de madeireiras ilegais; (d) pela caça e pesca predatórias, principalmente nos rios; (e) por megaprojetos: hidrelétricas, concessões florestais, desmatamento para produzir monoculturas, estradas e ferrovias, projetos mineiros e petroleiros; (f) pela contaminação ocasionada por todas as indústrias extrativistas que causam problemas e enfermidades, principalmente para as crianças e os jovens; (g) pelo narcotráfico; (h) pelos consequentes problemas sociais associados a tais ameaças, como o alcoolismo, a violência contra a mulher, o trabalho sexual, o tráfico de pessoas, a perda de sua cultura originária e de sua identidade (idioma, práticas espirituais e costumes) e todas as condições de pobreza às quais estão condenados os povos da Amazônia (cf. Fr.PM).

16. Atualmente, a mudança climática e o aumento da intervenção humana (desmatamento, incêndios e alteração no uso do solo) estão levando a Amazônia rumo a um ponto de não retorno, com altas taxas de desflorestação, deslocamento forçado da população e contaminação, pondo em perigo seus ecossistemas e exercendo pressão sobre as culturas locais. Níveis de 4°C de aquecimento ou um desmatamento de 40% constituem "pontos de inflexão" do bioma amazônico rumo à desertificação, o que significa a transição para uma nova condição biológica geralmente irreversível. E é preocupante que atualmente já nos encontramos entre 15 e 20% de desmatamento.

Defender a vida, enfrentar a exploração

17. As comunidades consultadas salientaram também o vínculo entre a ameaça à vida biológica e à vida espiritual, ou seja, uma ameaça integral. Os impactos provocados pela destruição múltipla da bacia pan-amazônica geram um desequilíbrio do território local e global, nas estações e no clima. Isto afeta, entre outras coisas, a dinâmica de fertilidade e reprodução da fauna e flora e, por sua vez, em todas as comunidades amazônicas. Por exemplo, a destruição e a contaminação natural atingem a produção, o acesso e a qualidade dos alimentos. E, nesse sentido, para cuidar responsavelmente da vida e do "bem viver", é urgente enfrentar tais ameaças, agressões e indiferenças. O cuidado da vida se opõe à cultura do descarte, da mentira, da exploração e da opressão. Ao mesmo tempo, supõe a oposição a uma visão insaciável do crescimento ilimitado, da idolatria do dinheiro, a um mundo desvinculado (de suas raízes, de seu contorno), a uma cultura de morte. Em síntese, a defesa da vida implica a defesa do território, de seus recursos ou bens naturais, mas também da vida e cultura dos povos, o fortalecimento de sua organização, a plena exigibilidade de seus direitos e a possibilidade de serem ouvidos. Segundo as palavras dos próprios indígenas: "Nós, indígenas de Guaviare (Colômbia), somos/fazemos parte da natureza porque somos água, ar, terra e vida do meio ambiente criado por Deus. Por conseguinte, pedimos que cessem os maus-tratos e o extermínio da 'Mãe Terra'. A terra tem sangue e está sangrando, as multinacionais cortaram as veias da nossa 'Mãe Terra'. Queremos que nosso clamor indígena seja ouvido pelo mundo inteiro".[5]

Clamor para viver

18. Ameaças e agressões à vida geram clamores, tanto por parte dos povos como da terra. Começando por esses clamores como lugar teológico (a partir de onde pensar a fé), podemos dar início a caminhos de conversão, de comunhão e de diálogo, caminhos do Espírito, da abundância e do "bem viver". A imagem da vida e do "bem viver" como "caminho rumo ao santo monte" implica uma comunhão

---

[5] Doc. da Diocese de San José del Guaviare e da Arquidiocese de Villavicencio e Granada (Colômbia, Fronteira entre o Brasil, a Colômbia e o Peru).

com os companheiros de peregrinação e com a natureza em seu conjunto, isto é, um caminho de integração com a abundância da vida, com a história e com o porvir. Esses novos caminhos se tornam necessários, uma vez que as grandes distâncias geográficas e a megadiversidade cultural da Amazônia constituem realidades que ainda não foram resolvidas no âmbito pastoral. Os novos caminhos se baseiam "em relações interculturais em que a diversidade não significa ameaça, não justifica hierarquias de um poder sobre outros, mas sim diálogo a partir de visões culturais diferentes, de celebração, de inter-relacionamento e de reavivamento da esperança" (DAp, 97).

Capítulo II

TERRITÓRIO

"Tira as sandálias dos teus pés, porque o lugar
em que estás é uma terra santa" (Ex 3,5).

Território, vida e revelação de Deus

19. Na Amazônia, a vida está inserida, ligada e
integrada no território que, como espaço físico vital e
nutritivo, é possibilidade, sustento e limite da vida. Além
disso, podemos dizer que a Amazônia – ou outro espaço
territorial indígena ou comunitário – não é somente um
ubi (um espaço geográfico), mas também um *quid*, ou seja,
um lugar de sentido para a fé ou a experiência de Deus na
história. O território é um lugar teológico a partir do qual
se vive a fé, mas é também uma peculiar fonte de revelação
de Deus. Esses espaços são lugares epifânicos, onde se
manifesta a reserva de vida e de sabedoria para o planeta,
uma vida e sabedoria que falam de Deus. Na Amazônia
manifestam-se as "carícias de Deus" que se encarna na
história (cf. LS, 84).

Um território onde tudo está interligado

20. Uma visão contemplativa, atenta e respeitosa dos
irmãos e irmãs, e também da natureza – da irmã árvore,

da irmã flor, das irmãs aves, dos irmãos peixes e até das irmãzinhas mais pequeninas, como as formigas, as larvas, os cogumelos ou os insetos (cf. LS, 233) –, permite que as comunidades amazônicas descubram como tudo está interligado, valorizem cada criatura, vejam o mistério da beleza de Deus que se revela em todas elas (cf. LS, 84 e 88) e convivam amigavelmente.

21. No território amazônico não existem partes que podem subsistir por si sós, apenas externamente relacionadas entre si, mas sim dimensões que existem constitutivamente em relação, formando um todo vital. Por isso, o território amazônico oferece um ensinamento vital para compreender de forma integral nossos relacionamentos com os demais, com a natureza e com Deus, como refere o papa Francisco (cf. LS, 66).

A beleza e a ameaça do território

22. Ao contemplar a formosura do território amazônico, descobrimos a obra mestra da criação do Deus da Vida. Seus intermináveis horizontes de beleza sem limites são um cântico, um hino ao Criador. "Senhor, meu Deus, como vós sois grande! Revestido de esplendor e majestade, estais envolto em um manto de luz!" (Sl 104[103],1-2). Sua expressão de vida múltipla constitui um mosaico do Deus que nos confia uma "herança gratuita que recebemos para proteger [...] como espaço precioso da convivência humana" e a responsabilidade compartilhada "para o bem de todos" (DAp, 471). Em Puerto Maldonado, o papa Francisco nos convida a defender essa região ameaçada, a fim de a preservar e restaurar para o bem de todos, incutindo esperança em nossas capacidades para construir o bem de todos e a Casa Comum.

23. Hoje a Amazônia constitui uma formosura ferida e deformada, um lugar de dor e violência, como o indicam de maneira eloquente os relatórios das Igrejas locais: "A selva não é um recurso para explorar, é um ser ou vários seres com os quais se relacionar".[1] "Amargura-nos a destruição da natureza, a destruição da selva, da vida, de nossos filhos e das gerações vindouras."[2] A destruição múltipla da vida humana e ambiental, as enfermidades e a contaminação de rios e terras, o abate e a queima de árvores, a perda maciça da biodiversidade, o desaparecimento de espécies (mais de um milhão dos 8 milhões de animais e vegetais estão em perigo),[3] constituem uma realidade crua que interpela todos nós. Reinam a violência, o caos e a corrupção. O território se transformou em um espaço de desencontros e de extermínio de povos, culturas e gerações. Há quem se sente forçado a sair de sua terra; muitas vezes cai nas redes das máfias, do narcotráfico e do tráfico de pessoas (em sua maioria mulheres), do trabalho e da prostituição infantil.[4] Trata-se de uma realidade trágica e complexa, que se encontra à margem da lei e do direito. O grito de dor da Amazônia é um eco do clamor do povo escravizado no

---

[1] Doc. Bolivia, p. 36.
[2] Doc. Venezuela, p. 1.
[3] IPBES, Nature's Dangerous Decline "Unpredented" Species Extinction Rates "Accelerating".
[4] Cf. Parte II, Cap. III: *Migração*.

Egito, que Deus não abandona: "Eu bem vi a opressão do meu povo que está no Egito, e ouvi o seu clamor diante dos seus opressores; conheço, na verdade, os seus sofrimentos. Desci a fim de o libertar da mão dos egípcios" (Ex 3,7-8).

Território de esperança e do "bem viver"

24. A Amazônia é o lugar da proposta do "bem viver", de promessa e de esperança para novos caminhos de vida. Na Amazônia a vida está integrada e unida ao território, não existe separação nem divisão entre as partes. Essa unidade compreende toda a existência: o trabalho, o descanso, os relacionamentos humanos, os ritos e as celebrações. Tudo é compartilhado, os espaços particulares – típicos da modernidade – são mínimos. A vida é um caminho comunitário onde as tarefas e as responsabilidades se dividem e se compartilham em função do bem comum. Não há espaço para a ideia de indivíduo separado da comunidade ou de seu território.

25. A vida das comunidades amazônicas ainda não atingidas pelo influxo da civilização ocidental se reflete na crença e nos ritos sobre a atuação dos espíritos, da divindade – chamada de inúmeras maneiras – com e no território, com e em relação à natureza. Essa cosmovisão se resume no "mantra" de Francisco: "Tudo está interligado" (LS, 16, 91, 117, 138 e 240).

26. A integração da criação, da vida considerada como uma totalidade que abrange a existência inteira, constitui a base da cultura tradicional, que se transmite de geração em geração através da escuta da sabedoria ancestral, reserva viva da espiritualidade e da cultura indígena. Essa sabedoria inspira o cuidado e o respeito pela criação, com clara consciência de seus limites, proibindo seu abuso. Abusar da natureza significa abusar dos antepassados, dos irmãos e irmãs, da criação e do Criador, hipotecando o futuro.

27. Tanto as cosmovisões amazônicas como a cristã estão em crise por causa da imposição do mercantilismo, da secularização, da cultura do descarte e da idolatria do dinheiro (cf. EG, 54-55). Essa crise atinge, sobretudo, os jovens e os contextos urbanos, que perdem as sólidas raízes da tradição.

CAPÍTULO III

TEMPO (*KAIRÓS*)

"Eu respondi-te no tempo da graça
e socorri-te no dia da salvação"
(Is 49,8; 2Cor 6,2).

Tempo de graça

28. A Amazônia está vivendo um momento de graça, um *kairós*. O Sínodo da Amazônia é um sinal dos tempos no qual o Espírito Santo abre novos caminhos que discernimos através de um diálogo recíproco entre todo o povo de Deus. O diálogo já começou há tempos, a começar pelos mais pobres, de baixo para cima, admitindo que "todo processo de construção é lento e difícil. Inclui o desafio de romper o próprio espaço e de se abrir a um trabalho em conjunto, viver a cultura do encontro [...] construir uma Igreja irmã".[1]

29. Os povos amazônicos originários têm muito a ensinar-nos. Reconhecemos que há milhares de anos eles cuidam de sua terra, da água e da floresta, e conseguiram preservá-las até hoje a fim de que a humanidade possa beneficiar-se do usufruto dos dons gratuitos da criação

---

[1] Doc. *Eixo de Fronteiras*, p. 1.

de Deus. Os novos caminhos de evangelização devem ser construídos em diálogo com essas sabedorias ancestrais em que se manifestam as sementes do Verbo.

Tempo de inculturação e de interculturalidade

30. A Igreja da Amazônia marcou sua presença com experiências significativas, de maneira original, criativa e inculturada. Seu programa evangelizador não corresponde a uma mera estratégia perante as exigências da realidade, mas é a expressão de um caminho que responde ao *kairós*, que impele o povo de Deus a acolher seu Reino nessas bio-sociodiversidades. A Igreja se fez carne, montando sua tenda – seu "tapiri" – na Amazônia.[2] Confirma-se, assim, um caminhar que teve início com o Concílio Vaticano II para a Igreja inteira, que encontrou seu reconhecimento no Magistério latino-americano a partir de Medellín (1968) e que, para a Amazônia, se concretizou em Santarém (1972).[3] A partir daí, a Igreja continua a procurar inculturar a Boa--Nova perante os desafios do território e de seus povos, mediante um diálogo intercultural. A diversidade original que oferece a região amazônica – biológica, religiosa e cultural – evoca um novo Pentecostes.

---

[2] Documento da Assembleia dos Regionais Norte 1 e 2 da CNBB, "A Igreja se faz carne e arma sua tenda na Amazônia", Manaus, 1997, em: CNBB. *Desafio missionário*: documentos da Igreja na Amazônia. Coletânea. Brasília: Ed. CNBB, 2014, p. 67-84.

[3] Os Documentos de Santarém (1972) e de Manaus (1997) se encontram em: CNBB. *Desafio missionário*: Documentos da Igreja na Amazônia. Coletânea. Brasília: Ed. CNBB, 2014, p. 9-28 e 67-84.

Tempo de desafios graves e urgentes

31. Tanto o acelerado fenômeno da urbanização como a expansão da fronteira agrícola, através dos agronegócios, e até o abuso dos bens naturais, levado a cabo pelos próprios povos amazônicos, se acrescentam às já mencionadas graves injustiças. A exploração da natureza e dos povos amazônicos (indígenas, mestiços, seringueiros, ribeirinhos e também aqueles que vivem nas cidades) provoca uma crise de esperança.

32. Os processos migratórios dos últimos anos acentuaram também as mudanças religiosas e culturais da região. Perante os rápidos processos de transformação, a Igreja deixou de ser o único ponto de referência para a tomada de decisões. Além disso, a nova vida na cidade nem sempre torna possível realizar os sonhos e as aspirações, mas muitas vezes desorienta e abre espaços para messianismos transitórios, desconectados, alienantes e sem sentido.

Tempo de esperança

33. Em contraste com essa realidade, o Sínodo da Amazônia se transforma, assim, em um sinal de esperança para o povo amazônico e para a humanidade inteira. Trata-se de uma grande oportunidade para que a Igreja possa descobrir a presença encarnada e ativa de Deus: nas mais diferentes manifestações da criação; na espiritualidade dos povos originários; nas expressões da religiosidade popular; nas diferenciadas organizações populares que resistem aos grandes projetos; e na proposta de uma economia produtiva, sustentável e solidária que respeita a natureza. Durante os últimos anos, a missão da Igreja se realizou em aliança com as aspirações e lutas pela vida e com o respeito pela natureza dos povos amazônicos e pelas suas próprias organizações.

34. Mediante a força do Espírito Santo, e identificada com essa história de cruz e ressurreição, a Igreja quer aprender, dialogar e responder com esperança e alegria aos sinais dos tempos junto aos povos da Amazônia. Esperemos que tal aprendizagem, diálogo e corresponsabilidade possam estender-se também a todos os recantos do planeta que aspiram à plenitude integral da vida em todos os sentidos. Acreditamos que esse *kairós* da Amazônia, como tempo de Deus, convoca e provoca, e é um tempo de graça e libertação, de memória e de conversão, de desafios e de esperança.

CAPÍTULO IV

DIÁLOGO

"Tendes olhos e não vedes,
tendes ouvidos e não ouvis" (Mc 8,18).

Novos caminhos de diálogo

35. O papa Francisco nos propõe a necessidade de uma nova visão, que abra caminhos de diálogo para ajudar-nos a sair da senda da autodestruição da atual crise socioambiental.[1] Referindo-se à Amazônia, o papa considera que é "imprescindível fazer esforços para... um diálogo intercultural no qual [os povos indígenas] sejam os principais interlocutores, especialmente quando se avança com grandes projetos que afetam os [seus] espaços. O reconhecimento e o diálogo serão o melhor caminho para transformar as velhas relações, marcadas pela exclusão e a discriminação" (Fr. PM). Esse diálogo local, no qual a Igreja deseja participar, está a serviço da vida e do "futuro do planeta" (LS, 14).

Diálogo e missão

36. Uma vez que a Amazônia é um mundo multiétnico, multicultural e multirreligioso (cf. DAp, 86), a comunicação

---

[1] Cf. LS 163, e Doc. Preparatório, n. 13.

e, por conseguinte, a evangelização requerem encontros e convivências que favoreçam o diálogo. O contrário do diálogo é a falta de escuta e a imposição, que impedem de nos encontrarmos, de comunicarmos e, portanto, de convivermos. Jesus foi um homem de diálogo e de encontro. Assim o vemos "com a samaritana, junto ao poço onde ela procurava saciar sua sede (cf. Jo 4,7-26)" (EG, 72); "logo que terminou seu diálogo com Jesus", a samaritana regressou ao seu povo, "tornou-se missionária, e muitos samaritanos acreditaram em Jesus 'devido às palavras da mulher' (Jo 4,39)" (EG, 120). Ela foi capaz de dialogar e amar além da particularidade de sua herança religiosa samaritana. Assim, a evangelização se realiza na vida comum de Samaria, na Amazônia, no mundo inteiro. O diálogo é uma comunicação jubilosa "entre aqueles que se amam" (EG, 142).

37. A partir de sua encarnação, o encontro com Jesus Cristo se realizou sempre no horizonte de um diálogo cordial, histórico e escatológico. Ele tem lugar nos diferentes cenários do mundo plural e entrelaçado da Amazônia. Inclui as relações políticas com os Estados, sociais com as comunidades, culturais com as diferentes formas de viver e ecológicas com a natureza e consigo mesmo. O diálogo procura o intercâmbio, o consenso e a comunicação, os acordos e as alianças, "mas sem perder de vista a questão fundamental", ou seja, a "preocupação por uma sociedade justa, capaz de memória e sem exclusões" (EG, 239). Por isso, o diálogo tem sempre uma opção preferencial pelos pobres, marginalizados e excluídos. As causas da justiça e da alteridade são causas do Reino de Deus. Não defendemos "um projeto de poucos para poucos, nem de uma minoria esclarecida" (ibidem). No diálogo estabelecemos "um acordo para viver juntos, de um pacto social e cultural" (ibidem). Em virtude desse pacto, a Amazônia representa um *pars pro toto*, um paradigma, uma esperança para o mundo. O diálogo é o método que se deve aplicar sempre, para favorecer o bem viver de todos. As principais questões da humanidade que sobressaem na Amazônia não encontrarão soluções através da violência nem da imposição, mas sim mediante o diálogo e a comunicação.

Diálogo com os povos amazônicos

38. Os principais interlocutores e protagonistas do diálogo são os povos da Amazônia, de maneira especial os pobres e quantos são culturalmente diferentes. Eles nos confrontam com a memória do passado e com as feridas causadas durante longos períodos de colonização. Por isso, o papa Francisco pediu "humildemente *perdão*, não só pelas ofensas da própria Igreja, mas também pelos crimes contra os povos nativos durante a chamada conquista da América".[2] Nesse passado, às vezes a Igreja foi cúmplice dos colonizadores, sufocando a voz profética do Evangelho. Muitos dos obstáculos a uma evangelização dialógica e aberta à alteridade cultural têm um cunho histórico e se escondem por detrás de certas doutrinas petrificadas. O diálogo é um processo de aprendizagem,

---

[2] Papa Francisco, Discurso por ocasião do II Encontro Mundial dos Movimentos Populares, Santa Cruz de la Sierra, Bolívia, 9 de julho de 2015. Cf. Parte II, cap. I: *Destruição extrativista*, p. 41, n. 113.

facilitado pela "abertura à transcendência" (EG, 205) e impedido pelas ideologias.

Diálogo e aprendizagem

39. Muitos povos amazônicos são constitutivamente dialógicos e comunicativos. Existe um amplo e necessário campo de diálogo entre as espiritualidades, crenças e religiões amazônicas, que exige uma abordagem cordial das diferentes culturas. O respeito por esse espaço não significa relativizar as próprias convicções, mas sim reconhecer outros caminhos que procuram desvendar o mistério insondável de Deus. A abertura não sincera ao outro, assim como uma atitude corporativista, que reserva a salvação exclusivamente ao próprio credo, são destruidoras desse mesmo credo. Assim o explicou Jesus ao doutor da Lei, na parábola do Bom Samaritano (cf. Lc 10,30-37). O amor vivido em qualquer religião agrada a Deus. "Através de um intercâmbio de dons, o Espírito pode conduzir-nos cada vez mais para a verdade e o bem" (EG, 246).

40. Um diálogo a favor da vida está a serviço do "futuro do planeta" (LS, 14), da transformação de mentalidades estreitas, da conversão de corações endurecidos e da partilha de verdades com a humanidade inteira. Poderíamos dizer que o diálogo é pentecostal, como o é o nascimento da Igreja, que caminha em busca de sua identidade rumo à unidade no Espírito Santo. Descobrimos nossa identidade a partir do encontro com o outro, a partir das diferenças e coincidências que nos mostram a impenetrabilidade da realidade e do mistério da presença de Deus.

Diálogo e resistência

41. Muitas vezes, a disposição a dialogar encontra resistências. Os interesses econômicos e um paradigma tecnocrático repelem todas as tentativas de mudança. Seus partidários estão dispostos a impor-se com a força, transgredindo os direitos fundamentais das populações no território e as normas para a sustentabilidade e a preservação da Amazônia. Em tais casos, as possibilidades de diálogo e de encontro são muito reduzidas, até desaparecer em determinadas situações. Como reagir diante disso? Por um lado, será necessário indignar-se, não de modo violento, mais sim de maneira firme e profética. Trata-se da indignação de Jesus contra os fariseus (cf. Mc 3,5; Mt 23), ou contra o próprio Pedro (cf. Mt 16,23), ao que Tomás de Aquino denominava "santa indignação", provocada pelas injustiças,[3] ou associada a promessas não cumpridas, ou a traições de todos os tipos. O passo seguinte consiste em procurar acordos, como o sugere o próprio Jesus (cf. Lc 14,31-32). Trata-se de entabular um diálogo possível e nunca permanecer indiferente perante as injustiças da região ou do mundo.[4]

42. Uma Igreja profética é aquela que ouve os gritos e cantos de dor e de júbilo. O cântico revela as situações dos povos, ao mesmo tempo que inspira e intui possibilidades de solução e transformação. Existem povos que cantam sua história e também seu presente, para que,

---

[3] Cf. ST II-II, Q 158, Art. 1.
[4] Cf. Sint. REPAM, p. 135.

quantos ouvem esse cântico, possam vislumbrar, perfilar seu futuro. Em síntese, uma Igreja profética na Amazônia é aquela que dialoga, que sabe procurar acordos e que, a partir de uma opção pelos pobres e de seu testemunho de vida, busca propostas concretas a favor de uma ecologia integral. Uma Igreja com capacidade de discernimento e audácia em face dos atropelos dos povos e da destruição de seus territórios, que responda sem demora ao clamor da terra e dos pobres.

Conclusão

43. A vida na Amazônia, entrelaçada pela água, pelo território e pelas identidades e espiritualidades de seus povos, convida ao diálogo e à aprendizagem de sua diversidade biológica e cultural. A Igreja participa e gera processos de aprendizagem que abrem caminhos para uma formação permanente sobre o sentido da vida integrada com seu território e enriquecida por sabedorias e experiências ancestrais. Tais processos convidam a responder com honradez e estilo profético ao grito a favor da vida dos povos e da terra amazônica. Isso implica um renovado sentido da missão da Igreja na Amazônia, que, começando pelo encontro com Cristo, sai rumo ao outro, dando início a processos de conversão. Nesse contexto, abrem-se novos espaços em vista de recriar ministérios adequados para este período histórico. É o momento de ouvir a voz da Amazônia e de responder como Igreja profética e samaritana.

PARTE II

ECOLOGIA INTEGRAL: O CLAMOR DA TERRA E DOS POBRES

"Proponho que nos detenhamos agora a refletir sobre os diferentes elementos de uma ecologia integral... ambiental, econômica e social" (LS, 137-138).

44. A segunda parte enfrenta os graves problemas causados pelos atentados contra a vida no território amazônico. A agressão contra essa área vital da "Mãe Terra" e contra seus habitantes ameaça sua subsistência, sua cultura e sua espiritualidade. Isso afeta também a vida da humanidade inteira, de modo particular a dos pobres, dos excluídos, dos marginalizados e dos perseguidos. A situação atual exige urgentemente uma conversão ecológica integral.

Capítulo I

DESTRUIÇÃO EXTRATIVISTA

> "O pecado manifesta-se hoje,
> com toda a sua força de destruição [...]
> nas várias formas de violência e abuso,
> no abandono dos mais frágeis,
> nos ataques contra a natureza" (LS, 66).

O clamor amazônico

45. "Provavelmente, nunca os povos originários amazônicos estiveram tão ameaçados nos seus territórios como o estão agora" (Fr.PM). Os projetos extrativos e agropecuários que exploram inconsideradamente a terra estão destruindo este território (cf. LS, 4 e 146), que corre o risco de "se savanizar".[1] A Amazônia está sendo disputada a partir de várias frentes. Uma responde aos grandes interesses econômicos, ávidos de petróleo, gás, madeira, ouro, monoculturas agroindustriais etc. Outra é a de um conservacionismo ecológico que se preocupa com o bioma, porém ignora os povos amazônicos. Ambas causam feridas na terra e em seus povos: "Estamos sendo afetados pelos madeireiros, criadores de gado e outros terceiros. Ameaçados por agentes econômicos que implementam um modelo alheio em nossos territórios. As empresas madeireiras entram no

---

[1] Refere-se à transformação da floresta em uma savana.

território para explorar a floresta, nós cuidamos da floresta para nossos filhos, dispomos de carne, pesca, remédios vegetais, árvores frutíferas. [...] A construção de hidrelétricas e o projeto de hidrovias têm impacto sobre o rio e sobre os territórios. [...] Somos uma região de territórios roubados".[2]

46. Em conformidade com os inquéritos realizados, os clamores amazônicos refletem três grandes causas de dor: (a) a falta de reconhecimento, demarcação e titulação dos territórios dos indígenas, que fazem parte integral de suas vidas; (b) a invasão dos grandes projetos chamados de "desenvolvimento", mas que na realidade destroem territórios e povos (por ex.: hidroelétricas, mineração – legal e ilegal – associada aos *garimpeiros* ilegais [mineiros informais que extraem ouro], hidrovias – que ameaçam os principais afluentes do Rio Amazonas – exploração de hidrocarbonetos, atividades pecuárias, desmatamento, monocultura, agroindústria e *grilagem* [apropriação de terras valendo-se de documentação falsa] de terra). Muitos desses projetos destrutivos, em nome do progresso, são apoiados pelos governos locais, nacionais e estrangeiros; e (c) a contaminação de seus rios, de seu ar, de seus solos, de suas florestas e a deterioração de sua qualidade de vida, culturas e espiritualidades. Por isso, "hoje, não podemos deixar de reconhecer que *uma verdadeira abordagem ecológica sempre se torna uma abordagem social*, que deve integrar a justiça nos debates sobre o meio ambiente, para ouvir *tanto o clamor da terra como o clamor dos pobres*" (LS, 49). É isso que o papa Francisco chama de ecologia integral.

---

[2] Cf. Sint. REPAM – Brasil, p. 120.

Ecologia integral

47. A ecologia integral se baseia no reconhecimento da relacionalidade como categoria humana fundamental. Isso significa que nos desenvolvemos como seres humanos com base em nossos relacionamentos conosco mesmos, com os outros, com a sociedade em geral, com a natureza/meio ambiente e com Deus. Essa integralidade vincular foi sistematicamente salientada durante as consultas às comunidades amazônicas.

48. A encíclica *Laudato Si'* (cf. nn. 137-142) introduz esse paradigma relacional da ecologia integral como articulação fundamental dos vínculos que tornam possível um verdadeiro desenvolvimento humano. Nós, seres humanos, fazemos parte dos ecossistemas que facilitam as relações doadoras de vida a nosso planeta e, portanto, o cuidado de tais ecossistemas é essencial. E é fundamental tanto para promover a dignidade da pessoa humana e o bem comum da sociedade como para o cuidado ambiental. A noção de ecologia integral foi esclarecedora para as distintas visões que abordam a complexidade da interação entre o ambiental e o humano, entre a gestão dos bens da criação e as propostas de desenvolvimento e a evangelização.

Ecologia integral na Amazônia

49. Para cuidar da Amazônia, as comunidades originárias constituem interlocutores indispensáveis, pois, em geral, são precisamente elas que melhor cuidam de seus territórios (cf. LS, 149). Por isso, no início do processo sinodal, em sua primeira visita a terras amazônicas, o papa Francisco se dirigiu aos líderes indígenas locais, dizendo-lhes: "Eu quis vir visitar-vos e escutar-vos, para estarmos juntos no coração da Igreja, solidarizarmo-nos com os vossos desafios e, convosco, reafirmarmos uma opção sincera em prol da defesa da vida, defesa da terra e defesa das culturas" (Fr.PM). As comunidades amazônicas compartilham essa perspectiva da integralidade ecológica: "Toda a atividade da Igreja na Amazônia deve começar pela integralidade do ser humano (vida, território e cultura)".[3]

50. Pois bem, para promover uma ecologia integral na vida de todos os dias da Amazônia, é preciso compreender também a noção de justiça e comunicação intergeracional, que inclui a transmissão da experiência ancestral, cosmologias, espiritualidades e teologias dos povos indígenas, a cerca do cuidado da Casa Comum.[4] "Na luta devemos confiar na força de Deus, porque a criação é de Deus, porque Deus dá continuidade à obra. A luta de nossos antepassados para combater por esses rios, pelos nossos territórios, a fim de pelejar por um mundo melhor para nossos filhos."[5]

Não à destruição da Amazônia

51. Concretamente, o clamor amazônico nos fala de lutas contra aqueles que querem destruir a vida concebida integralmente. Estes últimos são guiados por um modelo

---

[3] Cf. Sint. REPAM, p. 43.
[4] Cf. Sint. REPAM, p. 86.
[5] Cf. Sint. REPAM, Antônio, Brasil, p. 57.

econômico vinculado à produção, à comercialização e ao consumo, em que se prioriza a maximização do lucro sobre as necessidades humanas e ambientais. Ou seja, são lutas contra aqueles que não respeitam os direitos humanos e ambientais na Amazônia.

52. Outro atentado aos direitos humanos é a penalização dos protestos contra a destruição do território e de suas comunidades, já que determinadas leis da região as qualificam como "ilegais".[6] Outro abuso é a recusa generalizada por parte dos Estados de respeitar o direito de consulta e consentimento prévios aos grupos indígenas e locais, antes de definir concessões e contratos de exploração territorial, não obstante esse direito seja reconhecido explicitamente pela Organização Internacional do Trabalho: "Os povos interessados devem ter o direito de decidir suas próprias prioridades no que diz respeito ao processo de desenvolvimento, na medida em que este influenciar suas vidas, credos, instituições e bem-estar espiritual, e as terras que ocupam ou utilizam de alguma maneira, e de controlar, na medida do possível, seu próprio desenvolvimento econômico, social e cultural",[7] e por determinadas constituições de países amazônicos.

53. O drama dos habitantes da Amazônia não se manifesta somente na perda de suas terras por causa do deslocamento forçado, mas também na constatação de serem vítimas da sedução do dinheiro, dos subornos e da

---

[6] Cf. Parte II, Cap. II (PIAV).

[7] Organização Internacional do Trabalho (OIT), 1989. Congresso 169: sobre os povos indígenas e tribais, art. 7.

corrupção por parte de agentes do modelo tecnoeconômico da "cultura do descarte" (cf. LS, 22), especialmente em relação aos jovens. A vida está ligada e integrada ao território, por isso, a defesa da vida significa a salvaguarda do território; não existe separação entre ambos estes aspectos. Eis a reivindicação que se repete nas escutas: "Estão nos privando de nossa terra, para onde iremos?". Porque eliminar esse direito significa ficar desprovido de possibilidades de se defender diante daqueles que ameaçam sua subsistência.

54. O abate maciço de árvores, o extermínio da floresta tropical causado por incêndios florestais intencionais, a expansão da fronteira agrícola e as monoculturas são causas dos atuais desequilíbrios regionais do clima, com efeitos evidentes sobre o clima global, em nível planetário, tais como as grandes secas e as inundações cada vez mais frequentes. O papa Francisco menciona as bacias do Amazonas e do Congo como "o pulmão do mundo", sublinhando a urgência de protegê-las (cf. LS, 38).

55. No livro do Gênesis, a criação se apresenta como manifestação da vida, sustento, possibilidade e limite. Na primeira narração (cf. Gn 1,1-2.4a), o ser humano é convidado a relacionar-se com a criação, do mesmo modo como Deus o faz. A segunda narração (cf. Gn 2,4b-25) aprofunda essa perspectiva com o mandato de "cultivar" (em hebraico, significa também "servir") e "guardar" (atitude de proteção e amor) o jardim (cf. Gn 2,15). "Isso implica uma relação de reciprocidade responsável entre o ser humano e a natureza" (LS, 67), que supõe a assunção do limite próprio da criaturalidade e, portanto, uma atitude de humildade, considerando que não somos seus donos absolutos (cf. Gn 3,3).

Sugestões

56. O desafio que se apresenta é grande: como recuperar o território amazônico, resgatá-lo da degradação neocolonialista e devolver-lhe seu bem-estar saudável e autêntico? Há milhares de anos devemos às comunidades aborígenes o cuidado e o cultivo da Amazônia. Em sua sabedoria ancestral, cultivaram a convicção de que a criação inteira está interligada, o que merece nosso respeito e responsabilidade. A cultura da Amazônia, que integra os seres humanos com a natureza, se constitui como referente para construir um novo paradigma da ecologia integral. A Igreja deveria assumir em sua missão o cuidado da Casa Comum:

a) Propondo linhas de ação institucionais, que promovam o respeito pelo meio ambiente.

b) Projetando programas de formação formais e informais sobre o cuidado da Casa Comum para seus agentes pastorais e seus fiéis, abertos à comunidade inteira, em "um esforço de formação das consciências da população" (LS, 214), com base nos caps. V e VI da Encíclica *Laudato Si'*.

c) Denunciando a violação dos direitos humanos e a destruição extrativista.

Capítulo II

POVOS INDÍGENAS EM ISOLAMENTO VOLUNTÁRIO (PIAV): AMEAÇAS E PROTEÇÃO

"Penso nos [...] povos indígenas
em isolamento voluntário (PIAV).
Sabemos que são os mais vulneráveis
dos vulneráveis" (Fr.PM).

Povos nas periferias

57. Segundo dados de instituições especializadas da Igreja (por ex., CIMI) e outras, no território da Amazônia existem de 110 a 130 diferentes Povos Indígenas em Isolamento Voluntário, ou "povos livres". Eles vivem à margem da sociedade, ou em contato esporádico com ela. Não conhecemos seus nomes próprios, idiomas nem culturas. Por isso, também os chamamos "povos isolados", "livres", "autônomos", ou "povos sem contato". Esses povos vivem em profunda união com a natureza. Muitos deles decidiram isolar-se por terem sofrido traumas anteriores; outros foram forçados violentamente pela exploração econômica da Amazônia. Os PIAVs resistem ao atual modelo de desenvolvimento econômico predador, genocida e ecocida, optando pelo cativeiro para viver em liberdade (cf. Fr.PM).

58. Alguns "povos isolados" habitam em terras exclusivamente indígenas, outros em terras indígenas compartilhadas com os "povos contatados", outros ainda em unidades de conservação e alguns em territórios fronteiriços.

Povos vulneráveis

59. Os PIAVs são vulneráveis perante as ameaças provenientes dos setores da agroindústria e daqueles que exploram clandestinamente os minerais, a madeira e outros recursos naturais. São também vítimas do narcotráfico, de megaprojetos de infraestrutura, como as hidroelétricas e as estradas internacionais, e de atividades ilegais vinculadas ao modelo de desenvolvimento extrativista.

60. O risco da violência contra as mulheres desses povos aumentou devido à presença de colonos, madeireiros, soldados, empregados das empresas extrativistas, em sua maioria homens. Em algumas regiões da Amazônia, 90% dos indígenas assassinados nas populações isoladas são mulheres. Essa violência e discriminação afetam gravemente a capacidade que esses povos indígenas têm de sobreviver, tanto física como espiritual e culturalmente.

61. A isso se acrescenta a falta de reconhecimento dos direitos territoriais dos indígenas e dos PIAVs. A criminalização dos protestos de seus aliados e a redução dos pressupostos para a proteção de suas terras facilitam em grande medida a invasão de seus territórios, com a consequente ameaça contra suas vidas vulneráveis.

Sugestões

62. Diante dessa situação dramática e de semelhantes gritos da terra e dos pobres (cf. LS, 49), seria oportuno:

a) Exigir dos respectivos governos que garantam os recursos necessários para a proteção efetiva dos povos indígenas isolados. É preciso que os governos tomem todas as medidas necessárias para tutelar sua integridade física e a de seus territórios, baseadas no princípio de precaução, além de outros mecanismos de proteção de acordo com o direito internacional, como as Recomendações específicas definidas pela CIDH (Comissão Interamericana de Direitos Humanos/OEA) e contidas no último capítulo do Relatório: "Os povos indígenas em isolamento voluntário e em contato inicial nas Américas" (2013). É também necessário que se garanta sua liberdade de sair do isolamento, quando assim o desejarem.

b) Reivindicar a proteção das áreas/reservas naturais onde se encontram, sobretudo no que se refere à sua demarcação/titulação, para prevenir a invasão dos lugares onde habitam.

c) Promover a atualização do recenseamento e mapeamento dos territórios nos quais esses povos moram.

d) Formar equipes específicas nas dioceses e paróquias, e planejar uma pastoral de conjunto em regiões de fronteira, porque existem povos que se movem.

e) Informar os povos indígenas sobre seus direitos e a cidadania a propósito de sua situação.

Capítulo III

MIGRAÇÃO

"Meu pai era um arameu errante..."
(Dt 26,5).

Povos amazônicos em saída

63. Na Amazônia, o fenômeno migratório em busca de uma vida melhor tem sido uma constante histórica. Existe a migração pendular (vão e vêm),[1] o deslocamento forçado dentro do mesmo país e para o exterior, a migração voluntária de áreas rurais para as cidades, e a migração internacional. Essa transumância[2] amazônica não foi bem compreendida nem suficientemente elaborada do ponto de vista pastoral. Em Puerto Maldonado, o papa Francisco se referiu a essa realidade: "Várias pessoas emigraram para a Amazônia à procura de teto, terra e trabalho. Vieram à procura de um futuro melhor para elas mesmas e sua família.

---

[1] Alguns migram para as cidades a fim de comercializar produtos de primeira necessidade e obter um emprego temporário em busca de dinheiro para sustentar a própria família (por ex., migração pendular interna peruana, para trabalhar nas madeireiras).

[2] A prática da transumância se fundamenta em dois fenômenos naturais inter-relacionados: as diferenças na produção primária, provocadas pelas estações, e a migração animal. Então, a transumância humana está vinculada à ecologia integral: necessidade humana de produzir; e à situação ecológica, que provoca a migração de determinados grupos humanos.

Abandonaram a sua vida humilde, pobre, mas digna. Muitas delas, com a promessa de que certos trabalhos poriam termo a situações precárias, basearam-se no brilho promissor da extração do ouro. Mas não esqueçamos que o ouro se pode tornar um falso deus, que pretende sacrifícios humanos".[3]

Causas da migração

64. A Amazônia se encontra entre as regiões com maior mobilidade interna e internacional na América Latina. Existem causas sociopolíticas, climáticas, de perseguição étnica e econômicas. Estas últimas são induzidas em sua maioria pelos projetos políticos, os megaprojetos e as empresas extrativistas, que atraem trabalhadores, mas que, ao mesmo tempo, expulsam os habitantes dos territórios afetados. A agressão contra o meio ambiente, em nome do "desenvolvimento",[4] piorou dramaticamente a qualidade de vida dos povos amazônicos, tanto das populações urbanas como rurais, devido à contaminação e perda de fertilidade do território.

65. Devido a estas causas, a região se transformou "efetivamente" em um corredor migratório. Tais migrações se verificam entre países amazônicos (como a crescente onda de migração proveniente da Venezuela), ou em outras regiões (por ex., rumo ao Chile e à Argentina).[5]

---

[3] Francisco, *Encontro com a população no Instituto Jorge Basadre Grohmann* (Puerto Maldonado, 19 de janeiro de 2018).

[4] Cf. Parte I, Cap. I, ponto 14; Parte II, Cap. I, ponto 48.

[5] Discípulos Missionários na Amazônia, 2007. Documento do IX Encontro de Bispos da Amazônia, Manaus (2007), em: CNBB. *Desafio missionário*: documentos da Igreja na Amazônia. Coletânea. Brasília: Ed. CNBB, 2014. 161-216 (269).

Consequências da migração

66. O movimento migratório, desatendido tanto política como pastoralmente, contribuiu para a desestabilização social nas comunidades amazônicas. As cidades da região, que recebem permanentemente um elevado número de pessoas que migram nessa direção, não conseguem proporcionar os serviços básicos dos quais os migrantes necessitam. Isso tem levado muitas pessoas a perambular e a dormir em centros urbanos sem emprego, sem comida, sem abrigo. Entre elas, muitas pertencem aos povos indígenas, forçados a abandonar suas terras. "As cidades parecem ser uma terra sem dono. Constituem o destino para o qual se dirigem as pessoas, depois de ter sido desalojadas de seus territórios. A cidade deve ser entendida a partir desse modelo de exploração, que esvazia os territórios para apropriar-se dos mesmos, desloca e expulsa as populações para a cidade."[6]

67. Esse fenômeno desestabiliza, entre outros, as famílias, quando um dos pais parte para lugares distantes em busca de trabalho, permitindo que as crianças e os jovens cresçam sem a figura paterna e/ou materna. Também os jovens se deslocam à procura de um emprego ou subemprego para ajudar a manter o que resta da família, abandonando seus estudos primários e submetendo-se a todos os tipos de abuso e de exploração. Em muitas regiões da Amazônia, esses jovens são vítimas do tráfico de drogas, do tráfico de pessoas ou da prostituição (masculina e feminina).[7]

---

[6] Cf. Síntese REPAM, p. 124.
[7] Cf. Doc. Venezuela, Resumo Final, p. 4.

68. A omissão dos governos para implementar políticas públicas de qualidade no interior, principalmente na educação e na saúde, permite que esse processo de mobilidade cresça cada vez mais. Não obstante tenha acompanhado esse fluxo migratório, a Igreja deixou no interior da Amazônia vazios pastorais que devem ser preenchidos.

Sugestões

69. O que os migrantes esperam da Igreja? Como ajudá-los de maneira mais eficaz? De que modo promover a integração entre migrantes e a comunidade local?

a) É necessária uma maior compreensão dos mecanismos que levaram a um crescimento desproporcionado dos centros urbanos e a um esvaziamento do interior, porque ambas as dinâmicas fazem parte do mesmo sistema (tudo está interligado). Tudo isso exige preparação, de mente e de coração, dos agentes pastorais para enfrentar essa crítica situação.

b) É preciso trabalhar em equipe, cultivando uma mística missionária, coordenados por pessoas com competências diversas e complementares, em vista de uma ação eficaz. O problema migratório deve ser enfrentado de maneira coordenada, principalmente por parte das Igrejas de fronteira.

c) Articular um serviço de acolhimento em cada comunidade urbana que permaneça alerta àqueles que chegam de forma imprevista, com necessidades urgentes, e também poder oferecer proteção em face do perigo das organizações criminosas.

d) Promover projetos agrofamiliares nas comunidades rurais.

e) Exercer pressão como comunidade eclesial perante os poderes públicos, para que respondam às necessidades e direitos dos migrantes.

f) Fomentar a integração entre migrantes e comunidades locais, respeitando a própria identidade cultural, como indica o papa Francisco: "A integração, que não é assimilação nem incorporação, constitui um processo bidirecional, que se baseia essencialmente no mútuo reconhecimento da riqueza cultural do outro: não se trata de nivelamento de uma cultura sobre a outra, nem sequer de isolamento recíproco, com o risco de 'guetizações' nefastas e perigosas".[8]

---

[8] Discurso do Santo Padre Francisco aos Participantes no Foro Internacional sobre "Migrações e Paz" (21 de fevereiro de 2017).

Capítulo IV

URBANIZAÇÃO

"A cidade dá origem a uma espécie de
ambivalência permanente porque, ao mesmo
tempo que oferece aos seus habitantes
infinitas possibilidades, interpõe também
numerosas dificuldades ao pleno
desenvolvimento da vida de muitos" (EG, 74).

Urbanização da Amazônia

70. Apesar de falarmos hoje da Amazônia como o
pulmão do planeta (cf. LS, 38) e o celeiro do mundo, a
devastação da região e a pobreza provocaram um enorme
deslocamento da população em vista de uma vida melhor.
O resultado desse "êxodo em busca da terra prometida" é o
crescimento do fenômeno da urbanização na região,[1] que faz
da cidade uma realidade ambivalente. A Bíblia nos mostra
essa ambiguidade, quando apresenta Caim como fundador
de cidades depois do pecado (cf. Gn 4,17), mas, inclusive,
quando apresenta a humanidade encaminhada rumo ao
cumprimento da promessa da Jerusalém celestial, morada
de Deus com os homens (cf. Ap 21,3).

---

[1] Cf. Parte II, Cap. III: *Migração.*

71. De acordo com as estatísticas, a população urbana da Amazônia aumentou de modo exponencial; atualmente, de 70 a 80% da população reside nas cidades.[2] Muitas delas não dispõem de infraestruturas nem de recursos públicos indispensáveis para enfrentar as necessidades da vida urbana. Enquanto aumenta o número de cidades, diminui o número de habitantes nos povoados rurais.

Cultura urbana

72. No entanto, a questão da urbanização não inclui apenas o deslocamento espacial e o crescimento das cidades, mas também a transmissão de um estilo de vida configurado pela metrópole. Esse modelo se estende ao mundo rural, modificando hábitos, costumes e formas tradicionais de viver. A cultura, a religião, a família, a educação das crianças e dos jovens, o emprego e outros aspectos da vida mudam rapidamente, para responder às novas atrações da cidade.

Desafios urbanos

73. O projeto de introduzir a Amazônia no mercado globalizado produziu mais exclusão, assim como uma urbanização da pobreza. Em conformidade com as respostas ao Questionário do Documento Preparatório, os principais problemas que surgiram com a urbanização são os seguintes:

---

[2] Cf. Documento Preparatório, p. 6.

a) Aumento da violência em todos os sentidos.

b) Abuso e exploração sexual, prostituição, tráfico de seres humanos, sobretudo da mulher.

c) Tráfico e consumo de drogas.

d) Tráfico de armas.

e) Mobilidade humana e crise de identidade.

f) Decomposição familiar.[3]

g) Conflitos culturais e falta de sentido da vida.

h) Ineficácia dos serviços de saúde/saneamento.[4]

i) Falta de qualidade na educação e abandono escolar.[5]

j) Falta de resposta do poder público em matéria de infraestrutura e de promoção do emprego.

k) Falta de respeito pelo direito à autodeterminação e à autonomia das populações.

l) Corrupção administrativa.[6]

Sugestões

74. Sugere-se:

a) Promover um ambiente urbano onde sejam revitalizados os espaços públicos, com praças e centros culturais bem distribuídos.

---

[3] Cf. Parte II, Cap. V: *Família e comunidade.*

[4] Cf. Parte II, Cap. VII: *A questão da saúde integral.*

[5] Cf. Parte II, Cap. VIII: *Educação integral.*

[6] Cf. Parte II, Cap. VI: *Corrupção.*

b) Incentivar o acesso universal à educação e à cultura.

c) Fomentar a consciência ambiental, a reciclagem do lixo, evitando a combustão.

d) Favorecer um sistema de saneamento do meio ambiente e de acesso universal à saúde.

e) Discernir como ajudar a apreciar melhor a vida rural, com alternativas de sobrevivência como a agricultura familiar.

f) Gerar espaços de interação entre a sabedoria dos povos indígenas, ribeirinhos e quilombolas, inseridos na cidade, e a sabedoria da população urbana, para entabular o diálogo e a integração acerca do cuidado da vida.

Capítulo V

FAMÍLIA E COMUNIDADE

"O próprio Jesus nasce
em uma família modesta, que às pressas
tem de fugir para uma terra estrangeira"
(AL, 21).

As famílias amazônicas

75. Nas famílias palpita a *cosmovivência*. Trata-se de vários conhecimentos e práticas milenares em diferentes campos, como a agricultura, a medicina, a caça e a pesca, em harmonia com Deus, a natureza e a comunidade. Também na família se transmitem valores culturais, como o amor pela terra, a reciprocidade, a solidariedade, a vivência do presente, o sentido de família, a simplicidade, o trabalho comunitário, a organização própria, a medicina e a educação ancestral. Além disso, a cultura oral (histórias, crenças e cânticos), com suas cores, trajes, alimentação, línguas e ritos, faz parte dessa herança que se transmite em família. Em síntese, é na família que se aprende a viver em harmonia: entre povos, entre gerações, com a natureza, em diálogo com os espíritos.[1]

---

[1] Sint. REPAM, p. 42.

Mudanças sociais e vulnerabilidade familiar

76. Na Amazônia a família foi vítima do colonialismo no passado e de um neocolonialismo no presente. A imposição de um modelo cultural ocidental inculcava um certo desprezo pelo povo e pelos costumes do território amazônico, e chegava-se a qualificá-los como "selvagens" ou "primitivos". Atualmente, a imposição de um modelo econômico ocidental extrativista volta a atingir as famílias, invadindo e destruindo suas terras, suas culturas e suas vidas, forçando-as a emigrar para as cidades e suas periferias.

77. As mudanças aceleradas de hoje afetam a família amazônica. Assim, encontramos novos formatos familiares: famílias monoparentais sob a responsabilidade da mulher, aumento de famílias separadas, de uniões consensuais e de famílias montadas, e diminuição de casamentos institucionais. Além disso, ainda se constata a submissão da mulher no seio da família, aumento da violência intrafamiliar, há crianças com pais ausentes, cresce o número de adolescentes grávidas e de abortos.

78. Na cidade, a família é um lugar de síntese entre as culturas tradicional e moderna. No entanto, muitas vezes as famílias sofrem a pobreza, a precariedade da habitação, a falta de trabalho, o aumento do consumo de drogas e álcool, a discriminação e o suicídio juvenil. Além disso, na vida familiar falta o diálogo entre as gerações, perdem-se as tradições e a linguagem. As famílias também se deparam com novas problemáticas de saúde, que exigem uma educação adequada sobre a maternidade. Constata-se ainda a falta de atenção à mulher durante a gravidez e nos períodos pré-parto e pós-parto.[2]

Sugestões

79. A multiculturalidade da Pan-Amazônia é muito rica e, portanto, a maior contribuição consiste em continuar a lutar para preservar sua beleza através do fortalecimento da estrutura comunitária-familiar dos povos. É por isso que a Igreja deve valorizar e respeitar as identidades culturais. De modo particular, seria necessário:

a) Respeitar o modo próprio de organização comunitária. Dado que muitas políticas públicas influenciam a identidade familiar e coletiva, é preciso iniciar e acompanhar processos que comecem a partir da família/clã/comunidade para promover o bem comum, ajudando a superar as estruturas que alienam: "Nós devemos organizar-nos a partir da nossa casa".[3]

b) Ouvir o cântico que se aprende em família, como modo de expressar a profecia no mundo amazônico.

c) Promover a função da mulher, reconhecendo seu papel fundamental na formação e continuidade das culturas, na espiritualidade, nas comunidades e famílias. É necessário assumir o papel da liderança feminina no seio da Igreja.

---

[2] Cf. Sint. REPAM, p. 71, e Parte II, Cap. VII: *A questão da saúde integral.*
[3] Sint. REPAM, p. 57.

d) Articular uma pastoral familiar que siga as indicações da Exortação Apostólica *Amoris Laetitia:*

   i Uma pastoral familiar que acompanhe, integre e não exclua a família ferida.

   ii Uma pastoral sacramental que fortaleça e console todos, sem excluir ninguém.

   iii Uma formação permanente de agentes pastorais, que leve em consideração os recentes Sínodos e a realidade familiar da Amazônia.

   iv Uma pastoral familiar em que a família é sujeito e protagonista.

CAPÍTULO VI

CORRUPÇÃO

"Isso se torna ainda mais irritante
quando os excluídos veem crescer
esse câncer social que é a corrupção,
profundamente radicada em muitos países –
nos seus governos, empresários
e instituições –, seja qual for a ideologia
política dos governantes" (EG, 60).

Corrupção na Amazônia

80. Na Amazônia, a corrupção atinge seriamente a vida de seus povos e territórios. Existem pelo menos dois tipos de corrupção: aquela que existe fora da lei e a que se ampara em uma legislação traiçoeira do bem comum.

81. Nas últimas décadas aumentou o investimento na exploração das riquezas da Amazônia por parte de grandes companhias. Muitas delas perseguem o lucro custe o que custar, sem se importar com o dano socioambiental que provocam. Os governos que autorizam tais práticas, necessitados de capital para promover suas políticas públicas, nem sempre cumprem seu dever de preservar o meio ambiente e os direitos de suas populações. Assim, a corrupção afeta as autoridades políticas, judiciais, legislativas, sociais, eclesiais e religiosas, que recebem benefícios para permitir a atividade dessas companhias (cf. DAp, 77). Existem casos em que grandes companhias e governos chegaram a organizar sistemas de corrupção. Vemos pessoas que desempenharam funções públicas e que hoje passaram a ser julgadas, estão na prisão ou fugiram. Como afirma o Documento de Aparecida: "É também alarmante o nível de corrupção nas economias, envolvendo tanto o setor público quanto o setor privado, ao que se soma uma notável falta de transparência e prestação de contas à cidadania. Em muitas ocasiões, a corrupção está vinculada ao flagelo do narcotráfico ou do narconegócio e, por outro lado, vem destruindo o tecido social e econômico em regiões inteiras" (DAp, 70).

Flagelo moral estrutural

82. Cria-se, assim, uma cultura que envenena o Estado e suas instituições, permeando todos os estratos sociais, inclusive as comunidades indígenas. Trata-se de um verdadeiro flagelo moral; como resultado, perde-se confiança nas instituições e em seus representantes, o que desacredita totalmente a política e as organizações sociais. Os povos amazônicos não são alheios à corrupção e se transformam em suas principais vítimas.

Sugestões

83. Considerando a situação de carência de meios econômicos das Igrejas particulares na Amazônia, deve-se prestar atenção especial à procedência de doações ou outro tipo de benefícios, assim como aos investimentos realizados pelas instituições eclesiásticas ou pelos cristãos. As Conferências Episcopais poderiam oferecer um serviço de assessoria e de acompanhamento, de consulta e de promoção de estratégias comuns perante a corrupção generalizada e também diante da necessidade de gerar e investir em recursos para apoiar a pastoral. É necessária uma análise atenta das atividades do narcotráfico.

a) Implementar uma adequada preparação do clero para enfrentar a complexidade, sutileza e gravidade dos urgentes problemas vinculados à corrupção e ao exercício do poder.

b) Promover uma cultura da honestidade, do respeito pelo outro e pelo bem comum.

c) Acompanhar, promover e formar leigos para uma significativa presença pública na política, na economia, na vida acadêmica e em todas as formas de liderança (cf. DAp, 406).

d) Acompanhar os povos em suas lutas pelo cuidado de seus territórios e pelo respeito de seus direitos.

e) Discernir como se gera e como se investe dinheiro na Igreja, ultrapassando tomadas de posição ingênuas através de um sistema de administração e de auditoria comunitárias, respeitando as normas eclesiais em vigor.

f) Acompanhar as iniciativas da Igreja com outras instâncias, para exigir que as empresas assumam responsabilidades sobre os impactos socioecológicos de suas ações, em conformidade com os parâmetros jurídicos dos próprios estados.

Capítulo VII

A QUESTÃO DA SAÚDE INTEGRAL

"Esta água corre para o território oriental,
desce para a Arabá e dirige-se para o mar
[Morto]; quando chegar ao mar,
as suas águas tornar-se-ão salubres...
Os seus frutos servirão de alimento e
as suas folhagens, de remédio" (Ez 47,8.12).

Saúde na Amazônia

84. Hoje, a região amazônica contém a diversidade de flora e de fauna mais importante do mundo, e sua população autóctone possui um sentido integral da vida não contaminado por um materialismo economicista. Em sua história, longa e fecunda, a Amazônia é um território saudável, embora não tenham faltado enfermidades. No entanto, com a mobilidade dos povos, com a invasão de indústrias poluentes fora de controle, por causa das condições de mudança climática e perante a indiferença total por parte das autoridades públicas no campo da saúde, apareceram novas enfermidades e voltaram a surgir patologias que tinham sido superadas. O modelo de um desenvolvimento que se limita unicamente a explorar do ponto de vista econômico a riqueza de florestas, minérios e hidrocarbonetos da Pan-Amazônia, afeta a saúde dos biomas amazônicos, de suas comunidades e do planeta inteiro! O dano prejudica não apenas a saúde física, mas também a cultura e a espiritualidade dos povos: é um prejuízo para sua "saúde integral". Os habitantes amazônicos têm direito à saúde e a "viver saudavelmente", o que supõe uma harmonia "com o que nos oferece a Mãe Terra".[1]

Valorização e aprofundamento das medicinas tradicionais

85. Perante a "cultura do descarte" (cf. LS, 22), os discípulos de Cristo são chamados a promover uma cultura do cuidado e da saúde. Por conseguinte, o compromisso em prol do cuidado da saúde exige mudanças urgentes nos estilos de vida pessoal e nas estruturas.

86. A riqueza da flora e da fauna da floresta contém verdadeiras "farmacopeias vivas" e princípios genéticos inexplorados. O desmatamento amazônico impedirá que se conte com tais riquezas, empobrecendo as próximas gerações. Atualmente, a taxa de extinção de espécies na Amazônia, devido às atividades humanas, é mil vezes maior que o processo natural. O único caminho para preservar essa riqueza é o cuidado do território e da floresta amazônica, bem como a emancipação dos indígenas e dos cidadãos.

87. Os rituais e as cerimônias indígenas são essenciais para a saúde integral, pois compõem os diferentes ciclos

---

[1] Cf. Sint. REPAM, p. 161.

da vida humana e da natureza. Criam harmonia e equilíbrio entre os seres humanos e o cosmo. Protegem a vida contra os males que podem ser provocados tanto por seres humanos como por outros seres vivos. Ajudam a curar as doenças que prejudicam o meio ambiente, a vida humana e outros seres vivos.

Sugestões

88. O cuidado da saúde dos habitantes implica um conhecimento detalhado das plantas medicinais e de outros elementos tradicionais que fazem parte dos processos de cura. Para isso, os povos indígenas contam com pessoas que, ao longo da vida, se especializam na observação da natureza, ouvindo e aprendendo do conhecimento dos mais idosos, sobretudo das mulheres. No entanto, por causa da contaminação ambiental, tanto a natureza como o corpo dos habitantes da Amazônia vão se deteriorando. O contato com novos elementos tóxicos, como o mercúrio, provoca o aparecimento de outras doenças até agora desconhecidas para os velhos curandeiros. Tudo isso põe em perigo aquela sabedoria ancestral. É por isso que as respostas ao Documento Preparatório realçam a necessidade de preservar e transmitir os conhecimentos da medicina tradicional.[2] Propõe-se ajudar os povos da Amazônia a manter, recuperar, sistematizar e divulgar esse saber para a promoção de uma saúde integral.

89. Em face dessas novas doenças, os habitantes se sentem forçados a comprar remédios elaborados por

---

[2]   Cf. Sint. REPAM, p. 125.

companhias farmacêuticas com as próprias plantas da Amazônia. Uma vez comercializados, esses medicamentos ficam fora do alcance de suas possibilidades econômicas devido, entre outras causas, ao patenteamento dos remédios e aos sobrepreços. Por isso, propõe-se valorizar a medicina tradicional, a sabedoria dos anciãos e os rituais indígenas, e ao mesmo tempo facilitar o acesso aos remédios para curar as novas doenças.

90. Contudo, não são apenas as plantas medicinais e os remédios que ajudam a curar. A água e o ar limpos, a alimentação sadia, fruto de seus próprios cultivos e da colheita, da caça e da pesca, são condições necessárias para a saúde integral dos povos indígenas.[3] Portanto, propõe-se exigir dos governos uma regulamentação rigorosa das indústrias e a denúncia daquelas que poluem o meio ambiente. Por outro lado, sugere-se que sejam gerados espaços de intercâmbio e acompanhamento educativo para recuperar os hábitos do "bem viver", gerando, dessa forma, uma cultura do cuidado e da prevenção.

91. Finalmente, propõe-se avaliar as estruturas médicas da Igreja, como hospitais e centros de saúde, à luz de uma saúde integral acessível a todos os habitantes, que assuma a medicina tradicional como parte de seus programas de saúde.

---

[3] Cf. Sint. REPAM, p. 125.

CAPÍTULO VIII

EDUCAÇÃO INTEGRAL

"Nós, jovens, estamos perdendo
nossa identidade cultural e, em especial,
nossa língua. Esquecemos que temos
nossas raízes, que pertencemos
a um povo originário, e nos deixamos levar
pela tecnologia. Não é mau caminhar
com os dois pés, conhecer o moderno
e também cuidar do tradicional.
Onde você estiver, tenha sempre em conta
estas duas coisas, tenha em consideração
suas raízes, de onde quer que você venha,
e não se esqueça disso"
(Slendy Grefa, Doc. Consulta, Equador).

Uma Igreja sinodal: discípula e mestra

92. Mediante a escuta mútua dos povos e da natureza, a Igreja se transforma em uma Igreja em saída, tanto
geográfica como estruturalmente; em uma Igreja irmã e
discípula, através da sinodalidade. Assim se expressou o
papa Francisco na Constituição Apostólica *Episcopalis
Communio*: "O Bispo é, simultaneamente, mestre e discípulo [...]. É também discípulo quando ele, sabendo que

o Espírito é concedido a cada batizado, se coloca à escuta da voz de Cristo que fala através de todo o Povo de Deus" (EC, 5). Ele mesmo se fez discípulo em Puerto Maldonado, manifestando sua vontade de ouvir a voz da Amazônia.

Educação como encontro

93. A educação implica um encontro e um intercâmbio nos quais sejam assimilados os valores. Cada cultura é rica e ao mesmo tempo pobre. Dado que é histórica, a cultura possui sempre uma dimensão pedagógica de aprendizagem e aperfeiçoamento. "Quando algumas categorias da razão e das ciências são acolhidas no anúncio da mensagem, tais categorias tornam-se instrumentos de evangelização; é a água transformada em vinho. É aquilo que, uma vez assumido, não só é redimido, mas torna-se instrumento do Espírito para iluminar e renovar o mundo" (EG, 132). O encontro é a "capacidade do coração que torna possível a proximidade" (EG, 171) e as aprendizagens múltiplas.

94. Essa educação, que se desenvolve através do encontro, é diferente de uma educação que procura impor ao outro (e especialmente aos pobres e vulneráveis) as próprias cosmovisões que são precisamente a causa de sua pobreza e vulnerabilidade. Na Amazônia, a educação não significa impor aos povos amazônicos parâmetros culturais, filosofias, teologias, liturgias e costumes estranhos. Hoje, "Alguns se comprazem simplesmente em culpar, dos próprios males, os pobres e os países pobres, com generalizações indevidas, e pretendem encontrar a solução numa 'educação' que os tranquilize e transforme em seres domesticados e inofensivos" (EG, 60). "Por conseguinte, torna-se necessária uma educação que ensine a pensar criticamente e ofereça um caminho de amadurecimento nos valores" (EG, 64), uma educação aberta à interculturalidade.

Educação para uma ecologia integral

95. A cosmovisão dos povos indígenas amazônicos inclui o apelo a libertar-se de uma visão fragmentária da realidade, que não é capaz de entender as múltiplas conexões, inter-relações e interdependências. A educação para uma ecologia integral assume todas as relações constitutivas das pessoas e dos povos. Para compreender essa visão da educação, é melhor aplicar o mesmo princípio válido para a saúde: a meta consiste em observar o corpo inteiro e as causas da enfermidade e não somente os sintomas. Uma ecologia sustentável para as gerações vindouras "não se pode reduzir a uma série de respostas urgentes e parciais para os problemas que vão surgindo à volta da degradação ambiental, do esgotamento das reservas naturais e da poluição. Deveria ser um olhar diferente, um pensamento, uma política, um programa educativo" (LS, 111). Uma educação unicamente com base em soluções técnicas, para complexos problemas ambientais, esconde "os problemas verdadeiros e mais profundos do sistema mundial" (ibidem).

96. Então, trata-se de uma educação para a solidariedade, que brota da "consciência de uma origem comum" e de um "futuro compartilhado por todos" (LS, 202). Os povos indígenas possuem um método de ensino-aprendizagem fundamentado na tradição oral e na prática vivencial, que,

dentro de cada etapa, segue um processo pedagógico contextualizado. O desafio consiste em integrar esse método no diálogo com outras propostas educacionais. Por isso, é necessário "reordenar os itinerários pedagógicos de uma ética ecológica, de modo que ajudem efetivamente a crescer na solidariedade, na responsabilidade e no cuidado assente na compaixão" (LS, 210). A Amazônia nos convida a descobrir a tarefa educativa como um serviço integral para toda a humanidade, em vista de uma "cidadania ecológica" (LS, 211).

97. Essa educação une o compromisso em prol do cuidado da terra ao engajamento a favor dos pobres, suscitando atitudes de sobriedade e respeito, vividas através de "uma austeridade responsável, da grata contemplação do mundo, do cuidado da fragilidade dos pobres e do meio ambiente" (LS, 214). Tal educação "tem necessidade de se traduzir em novos hábitos" (LS, 209), levando em consideração os valores culturais. Em perspectiva ecológica e em chave amazônica, a educação promove o "bem viver", o "bem conviver" e o "bem fazer", que deve ser persistente e audível, se quiser ter um impacto significativo na Casa Comum.

Sugestões

98. Sugere-se:

a) A formação dos agentes pastorais leigos adultos, que os ajude a crescer em responsabilidade e criatividade.

b) A formação dos ministros ordenados:

1. Os planos de formação devem responder a uma cultura filosófico-teológica adequada às culturas

amazônicas, capaz de ser compreendida e, portanto, de estimular a vida cristã. É por isso que se sugere a integração da teologia indígena com a ecoteologia, que os prepare para a escuta e o diálogo aberto, em que tem lugar a evangelização.

2. Propõe-se a reforma das estruturas dos seminários, para favorecer a integração dos candidatos ao sacerdócio nas comunidades.

c) Os centros de formação:

1. As escolas: são necessários planos educativos focados na educação segundo as próprias culturas, que respeitem as línguas nativas; uma educação integral que responda à própria realidade, para fazer frente ao abandono escolar e ao analfabetismo, principalmente feminino.

2. A universidade: é necessário promover não apenas a interdisciplinaridade, mas também enfrentar as questões em conformidade com a transdisciplinaridade, ou seja, com uma visão que restitua ao saber humano unitariedade na diversidade, em sintonia com o estudo de uma ecologia integral, segundo o prólogo da Constituição Apostólica *Veritatis Gaudium*.

3. Exija-se o ensino da teologia indígena pan-amazônica em todas as instituições educativas.

d) Uma teologia índio-amazônica:

1. Pede-se que seja aprofundada uma teologia índio-amazônica já existente, que permitirá uma

melhor e maior compreensão da espiritualidade indígena, para evitar que se cometam aqueles erros históricos que atropelaram muitas culturas originárias.

2. Pede-se, por exemplo, que se levem em consideração os mitos, tradições, símbolos, saberes, ritos e celebrações originários, que incluem as dimensões transcendentes, comunitárias e ecológicas.

CAPÍTULO IX

A CONVERSÃO ECOLÓGICA

"Falta-lhes, pois, uma conversão ecológica,
que comporta deixar emergir,
nas relações com o mundo que os rodeia,
todas as consequências do encontro
com Jesus" (LS, 217).

Cristo nos chama à conversão (cf. Mc 1,15)

99. Um aspecto fundamental da raiz do pecado do ser humano consiste em desvincular-se da natureza e em não a reconhecer como sua parte, em explorá-la sem limites, rompendo, desse modo, a aliança originária com a criação e com Deus (cf. Gn 3,5). "A harmonia entre o Criador, a humanidade e toda a criação foi destruída por termos pretendido ocupar o lugar de Deus, recusando reconhecer-nos como criaturas limitadas" (LS, 66). Após a fratura do pecado e o dilúvio universal, Deus restabelece a aliança com o próprio homem e com a criação (cf. Gn 9,9-17), chamando o ser humano a preservá-la.

100. A reconciliação com a criação, à qual nos convida o papa Francisco (cf. LS, 218), supõe que se supere, antes de tudo, uma atitude passiva que renuncia, como o rei Davi, a assumir sua missão (cf. 2Sm 11,1). O processo do pecado do rei Davi começa com uma omissão pessoal (permanece em seu palácio, quando o exército se encontra no campo de batalha), e concretiza-se com a prática de gestos reprováveis aos olhos de Deus (adultério, mentira e assassinato), que envolvem outros, criando uma rede de cumplicidades (cf. 2Sm 11,3-25). Até a Igreja pode ser tentada a permanecer fechada em si mesma, renunciando à sua missão de anunciar o Evangelho e de tornar presente o Reino de Deus. Pelo contrário, uma Igreja em saída é uma Igreja que se confronta com o pecado deste mundo, ao qual ela mesma não é alheia (cf. EG, 20-24). Esse pecado, como dizia São João Paulo II, não é unicamente pessoal, mas, inclusive, social e estrutural (cf. RP, 16; SRS, 36; SD, 243; DAp, 92), e, como admoesta o papa Francisco, "tudo está interligado" (LS, 138). Quando "o ser humano se declara autônomo da realidade e se constitui como dominador absoluto, desmorona-se a própria base da sua existência" (LS, 117). Cristo redime a criação inteira, submetida ao pecado pelo ser humano (cf. Rm 8,19-22).

Conversão integral

101. Por isso, também a conversão deve ter os mesmos níveis de concretização: pessoal, social e estrutural, tendo em conta as diferenciadas dimensões de relacionalidade. Trata-se de uma "conversão íntegra da pessoa", que brota do coração e se abre a uma "conversão comunitária", reconhecendo seus vínculos sociais e ambientais, ou seja, uma "conversão ecológica" (cf. LS, 216-221). Essa conversão implica o reconhecimento da cumplicidade pessoal e social nas estruturas de pecado, desmascarando as ideologias que justificam um estilo de vida que agride a criação. Ouvem-se frequentemente histórias que justificam gestos destruidores de grupos de poder que exploram a natureza, exercem um domínio despótico sobres seus habitantes (cf. LS, 56 e 200) e ignoram o grito de dor da terra e dos pobres (cf. LS, 49).

Conversão eclesial na Amazônia

102. O processo de conversão ao qual a Igreja é chamada implica desaprender, aprender e reaprender. Esse caminho exige uma visão crítica e autocrítica que nos permita identificar aquilo que devemos *desaprender*, o que prejudica a Casa Comum e seus povos. Temos necessidade de percorrer um caminho interior para reconhecer as atitudes e mentalidades que nos impedem de nos conectarmos conosco mesmos, com os outros e com a natureza; como disse o papa Bento XVI, "os desertos exteriores multiplicam-se no mundo, porque os desertos interiores se tornaram tão amplos".[1] Esse processo continua, deixando-se surpreender pela sabedoria dos povos indígenas. Sua vida diária é um testemunho de contemplação, cuidado e relação com a natureza. Eles nos *ensinam* a reconhecer-nos como parte do bioma e corresponsáveis de seu cuidado pelo presente e pelo futuro. Portanto, devemos *reaprender* a entretecer laços que assumam todas as dimensões da vida e a assumir uma

---

[1] Bento XVI, *Homilia no solene início do ministério petrino* (24 de abril de 2005).

ascese pessoal e comunitária que nos permita "amadurecer numa sobriedade feliz" (LS, 225).

103. Na Sagrada Escritura, a conversão é apresentada como um movimento que vai do pecado à amizade com Deus em Jesus Cristo, por isso faz parte do processo da fé (cf. Mc 1,15). Nossa visão crente da realidade amazônica nos levou a avaliar a obra de Deus na criação e em seus povos, mas também a presença do mal em vários níveis: colonialismo (domínio), mentalidade economicista-mercantilista, consumismo, utilitarismo, individualismo, tecnocracia, cultura do descarte.

- Uma mentalidade que se expressou historicamente em um sistema de domínio territorial, político, econômico e cultural que persiste de várias formas até os dias de hoje, perpetuando o *colonialismo*.

- Uma *economia* baseada exclusivamente no lucro como única finalidade, que exclui e atropela os mais fracos e a natureza, constitui-se como ídolo que semeia *destruição e morte* (cf. EG, 53-56).

- Uma *mentalidade utilitarista* concebe a natureza como mero recurso e os seres humanos, como simples produtores-consumidores, violando o valor intrínseco e a relacionalidade das criaturas.

- "O *individualismo* enfraquece os vínculos comunitários" (DAp, 44), ofuscando a responsabilidade em relação ao próximo, à comunidade e à natureza.

- O desenvolvimento tecnológico trouxe grandes benefícios para a humanidade, mas, ao mesmo tempo, sua absolutização levou-o a ser um instrumento de posse, domínio e manipulação (cf. LS, 106) da natureza e do ser humano. Tudo isso gerou uma cultura global predominante, à qual o papa Francisco chamou "paradigma tecnocrático" (LS, 106 e ss).

- O resultado é a perda do horizonte transcendente e humanitário, em que se transmite a lógica do "usa e joga fora" (LS, 123), gerando uma "cultura do descarte" (LS, 22) que agride a criação.

Sugestões

104. Sugere-se:

a) Desmascarar as novas formas de colonialismo presentes na Amazônia.

b) Identificar as novas ideologias que justificam o ecocídio amazônico, para analisá-las criticamente.

c) Denunciar as estruturas de pecado que são atuadas no território amazônico.

d) Indicar as razões com as quais justificamos nossa participação nas estruturas de pecado, a fim de analisá-las de forma crítica.

e) Favorecer uma Igreja como instituição de serviço não autorreferencial, corresponsável no cuidado da Casa Comum e na defesa dos direitos dos povos.

f) Promover mercados ecossolidários, um consumo justo e uma "sobriedade feliz" (LS, 224-225), que respeitem a natureza e os direitos dos trabalhadores.

"Comprar é sempre um ato moral, para além de econômico" (CV, 66; LS, 206).

g) Incentivar hábitos de comportamento, de produção e de consumo, de reciclagem e de reutilização de resíduos.

h) Recuperar mitos e atualizar ritos e celebrações comunitárias que contribuam significativamente para o processo de conversão ecológica.

i) Agradecer aos povos originários o cuidado do território ao longo do tempo e reconhecer nisso a sabedoria ancestral que forma a base para uma boa compreensão da ecologia integral.

j) Criar itinerários pastorais orgânicos a partir de uma ecologia integral, para a proteção da Casa Comum, tendo como orientação os capítulos 5 e 6 da Encíclica *Laudato Si'*.

k) Reconhecimento formal, por parte da Igreja particular, como ministério especial, ao agente pastoral promotor do cuidado da Casa Comum.

PARTE III

IGREJA PROFÉTICA NA AMAZÔNIA: DESAFIOS E ESPERANÇAS

"Quem dera que todo o povo de Deus profetizasse, e que o Senhor enviasse o seu Espírito sobre ele!" (Nm 11,29).

105. O anúncio de Jesus Cristo e a realização de um encontro profundo com ele, através da conversão e da vivência eclesial da fé, supõem uma Igreja hospitaleira e missionária que se encarna nas culturas. Ela deve recordar-se dos passos que foram dados para enfrentar os temas desafiadores da centralidade do querigma e da missão no âmbito amazônico. Esse paradigma da ação eclesial inspira os ministérios, a catequese, a liturgia e a pastoral social, tanto na área rural como urbana.

106. Os novos caminhos para a pastoral da Amazônia exigem que se "relance com fidelidade e audácia" a missão da Igreja (DAp, 11) no território e que se aprofunde o "processo de inculturação" (EG, 126) e de interculturalidade (cf. LS, 63, 143 e 146) que da Igreja na Amazônia requer propostas "valentes", o que supõe coragem e paixão, como nos pede o papa Francisco. A evangelização na Amazônia é uma prova de fogo para a Igreja e para a sociedade.[1]

---

[1] Francisco, *Discurso ao episcopado brasileiro* (27 de julho de 2013).

CAPÍTULO I

IGREJA COM ROSTO AMAZÔNICO E MISSIONÁRIO

"Brilhe sobre o teu servo a luz da tua face"
(Sl 31[30],17).

Um rosto rico de expressões

107. O rosto amazônico da Igreja encontra sua expressão na pluralidade de seus povos, culturas e ecossistemas. Essa diversidade tem necessidade da opção por uma Igreja em saída e missionária, encarnada em todas as suas atividades, expressões e linguagens. Em Santo Domingo os bispos nos propuseram a meta de uma evangelização inculturada, que "será sempre a salvação e libertação integral de um determinado povo ou grupo humano, que fortalecerá sua identidade e confiança em seu futuro específico, contrapondo-se aos poderes da morte" (DSD, Conclusões, 243). E o papa Francisco apresenta claramente essa necessidade de uma Igreja inculturada e intercultural: "Precisamos que os povos indígenas plasmem culturalmente as Igrejas locais amazônicas" (Fr.PM).

108. Inculturação e interculturalidade não se opõem, mas se completam. Assim como Jesus se encarnou em uma determinada cultura (inculturação), seus discípulos missionários seguem seus passos. É por isso que os cristãos de uma cultura saem ao encontro de pessoas de outras culturas (interculturalidade). Isso aconteceu desde os primórdios da Igreja, quando os apóstolos hebreus levaram a Boa Notícia a diferentes culturas, como a grega, descobrindo nelas "sementes do Verbo".[1] Daquele encontro e diálogo entre as culturas surgiram novos caminhos do Espírito. Hoje em dia, a Igreja perscruta novos caminhos no encontro e diálogo com as culturas amazônicas.

109. De acordo com o Documento de Aparecida, a opção preferencial pelos pobres constitui o critério hermenêutico para analisar as propostas de construção da sociedade (cf. nn. 501, 537, 474 e 475), bem como o critério de autocompreensão da Igreja. É também um dos traços que distinguem a fisionomia da Igreja latino-americana e caribenha (cf. nn. 391, 524 e 533), assim como de todas as suas estruturas, desde a paróquia até seus centros educativos e sociais (cf. nn. 176, 179, 199, 334, 337, 338, 446 e 550). O rosto amazônico é o de uma Igreja com uma clara opção pelos (e com os) pobres[2] e pelo cuidado da criação. A partir dos pobres e da atitude de cuidado dos bens de Deus, abrem-se novos caminhos da Igreja local, prosseguindo rumo à Igreja universal.

---

[1] Cf. São Justino, *Apologia* II, 7, 3; 8, 1; 13, 2-3; 13, 6; *Ad Gentes* 11; DP 401 e 403.

[2] Cf. Magistério Latino-Americano nas Assembleias Gerais; São João Paulo II, em: *Sollicitudo Rei Socialis*, 42; e *Centesimus Annus*, 11.57; Bento XVI, em: *Discurso na sessão inaugural dos trabalhos da V Conferência Geral do Episcopado Latino-Americano e do Caribe* (2007); e Francisco, em: *Evangelii Gaudium*, 197-201.

Um rosto local com dimensão universal

110. Uma Igreja com rosto amazônico, em seus pluriformes matizes, procura ser uma Igreja "em saída" (cf. EG, 20-23), que deixa atrás de si uma tradição colonial monocultural, clericalista e impositiva, que sabe discernir e assumir sem medo as diversificadas expressões culturais dos povos. O referido rosto nos alerta para o risco de "pronunciar uma palavra única [ou] propor uma solução que tenha um valor universal" (cf. OA, 4; EG, 184). Sem dúvida, a realidade sociocultural complexa, plural, conflituosa e opaca impede que se possa aplicar "uma doutrina monolítica defendida sem nuances por todos" (EG, 40). Por conseguinte, a universalidade ou catolicidade da Igreja se vê enriquecida pela "beleza desse rosto pluriforme" (NMI, 40), das diferentes manifestações das Igrejas particulares e de suas culturas, formando uma Igreja poliédrica (cf. EG, 236).

Um rosto desafiador diante das injustiças

111. Plasmar uma Igreja com rosto amazônico possui uma dimensão eclesial, social, ecológica e pastoral, muitas vezes conflituosa. Com efeito, a organização política e jurídica nem sempre levou em consideração o rosto cultural da justiça dos povos e suas instituições. A Igreja não é alheia a essa tensão. Às vezes, tende-se a impor uma cultura estranha à Amazônia, o que impede que se compreendam seus povos e que se apreciem suas cosmovisões.

112. A realidade das Igrejas locais tem necessidade de uma *Igreja participativa*, que se torne presente na vida social, política, econômica, cultural e ecológica de seus habitantes; de uma *Igreja acolhedora* da diversidade cultural, social e ecológica, para poder servir sem discriminação de pessoas nem de grupos; de uma *Igreja criativa*, que possa acompanhar seu povo na construção de novas respostas às necessidades urgentes; e de uma *Igreja harmoniosa*, que fomente os valores da paz, da misericórdia e da comunhão.

Um rosto inculturado e missionário

113. A diversidade cultural exige uma encarnação mais real para assumir diferentes modos de vida e culturas. "Na ordem pastoral é sempre válido o princípio da encarnação formulado por Santo Irineu: 'O que não foi assumido, não foi redimido'".[3] Os impulsos e as inspirações importantes para essa almejada inculturação se encontram no magistério da Igreja e no itinerário eclesial latino-americano, de suas Conferências Episcopais (Medellín, 1968; Puebla, 1979; Santo Domingo, 1992; e Aparecida, 2007), de suas comunidades, de seus santos e de seus mártires.[4] Uma realidade importante desse processo foi o surgimento de uma teologia latino-americana, em particular da Teologia Índia.

---

[3] Cf. Santo Irineu de Lião, *Contra as Heresias*, V, Praef; I, 6, 1; DP 400.

[4] Entre outros, podemos citar: Rodolfo Lunkenbein, SDB, e Simão Bororo (1976), Marçal de Souza Tupã-i (1983, Guarani), Ezequiel Ramin (1985, Comboniano), Irmã Cleusa Carolina Rody (1985, missionária Agostiniana Recoleta), Josimo Morais Tavares (1986, sacerdote diocesano), Vicente Cañas, SJ (1987), Mons. Alejandro Labaka e Irmã Inés Arango (1987, ambos capuchinhos), Chico Mendes (1988, ecologista), Galdino Jesus dos Santos (1997, Pataxó Hã-Hã-Hãe), Ademir Federici (2001), Irmã Dorothy Mae Stang (2005, Irmã de Nossa Senhora de Namur).

114. A construção de uma Igreja missionária com rosto local significa progredir na edificação de uma Igreja inculturada, que sabe trabalhar e articular-se (como os rios no Amazonas) com o que existe de culturalmente disponível, em todos os seus campos de ação e presença. "Ser Igreja significa ser povo de Deus" (EG, 114), encarnado "nos povos da terra" e em suas culturas (EG, 115).

Capítulo II

DESAFIOS DA INCULTURAÇÃO E DA INTERCULTURALIDADE[1]

> "Nos diferentes povos,
> que experimentam o dom de Deus
> segundo a própria cultura,
> a Igreja exprime a sua genuína catolicidade
> e mostra 'a beleza deste rosto pluriforme'"
> (EG, 116).

Rumo a uma Igreja com rosto amazônico e indígena

115. A missão da Igreja consiste em anunciar o Evangelho de Jesus de Nazaré, o Bom Samaritano (cf. Lc 10,25-36), que se compadece da humanidade ferida e abandonada. A Igreja anuncia o mistério de sua morte e ressurreição a todas as culturas e a todos os povos, batizando-os em nome do Pai e do Filho e do Espírito Santo (cf. Mt 28,19). Seguindo o exemplo de São Paulo, que quis tornar-se grego com os gregos, procurando adaptar-se "o mais possível a todos" (cf. 1Cor 9,19-23), a Igreja envidou um grande esforço para evangelizar todos os povos ao longo da história. Ela

---

[1] Cf. EG, 68-70, 116, 122, 126 e 129.

procurou realizar esse mandato missionário, encarnando e traduzindo a mensagem do Evangelho nas diferentes culturas, entre dificuldades de todos os tipos: políticas, culturais e geográficas. Porém, ainda há muito a fazer.

116. Há séculos, a Igreja procura partilhar o Evangelho com os povos amazônicos, muitos dos quais integram a comunidade eclesial. Os missionários e as missionárias têm uma história de profunda relação com essa região. Deixaram marcas profundas na alma do povo católico da Amazônia. A Igreja percorreu um longo caminho que deve ser aprofundado e atualizado, até poder chegar a ser uma Igreja com rosto indígena e amazônico.

117. No entanto, tal como sobressai dos encontros territoriais, existe uma ferida ainda aberta por abusos cometidos no passado. Justamente, no ano de 1912, na Encíclica *Lacrimabili Statu Indorum*, o Papa Pio X reconheceu a crueldade com que foram tratados os indígenas. Em Puebla, o episcopado latino-americano admitiu a existência de "um agigantado processo de dominações", repleto de "contradições e dilacerações" (DP, cap. I). Em Aparecida, os bispos pediram para "descolonizar as mentes" (DAp, 96). No encontro com os povos da Amazônia, em Puerto Maldonado, o papa Francisco recordou as palavras de Santo Toríbio de Mogrovejo: "Não só nos tempos passados se fizeram a esses pobres tantos agravos e violências com tantos excessos, mas ainda hoje muitos continuam a fazer as mesmas coisas".[2] "Dado que ainda persiste uma

---

[2] Concílio de Lima, Sess. III, c. 3.

mentalidade colonial e patriarcal, é necessário aprofundar um processo de conversão e reconciliação."[3]

Sugestões

118. As comunidades consultadas esperam que a Igreja se comprometa no cuidado da Casa Comum e de seus habitantes, "[...] que defenda os territórios e que ajude os povos indígenas a denunciar o que provoca morte e ameaça os territórios".[4] Uma Igreja profética não pode deixar de clamar pelos descartados e por aqueles que sofrem (cf. Fr.PM).

119. No clamor dos povos amazônicos e no magistério do papa Francisco, a escuta da voz do Espírito supõe um processo de conversão pastoral e missionária (cf. EG, 25). Por isso, sugere-se:

a) Evitar a homogeneização cultural, para reconhecer e promover o valor das culturas amazônicas.

b) Rejeitar a aliança com a cultura dominante e o poder político e econômico, para promover as culturas e os direitos dos indígenas, dos pobres e do território.

c) Superar qualquer clericalismo, para viver a fraternidade e o serviço como valores evangélicos que animam o relacionamento entre a autoridade e os membros da comunidade.

---

[3] Cf. Documento Preparatório, 4; I Parte, Cap. IV: *Diálogo*.

[4] Sint. REPAM, p. 58.

d) Transpor posições rígidas que não levem suficientemente em consideração a vida concreta das pessoas, nem a realidade pastoral, para ir ao encontro das necessidades concretas dos povos e das culturas indígenas.

A evangelização nas culturas[5]

120. O Espírito criador que enche o universo (cf. Sb 1,7) alimentou a espiritualidade desses povos ao longo dos séculos, ainda antes do anúncio do Evangelho, e é ele que os leva a aceitá-lo a partir de suas próprias culturas e tradições. Esse anúncio deve considerar as "semente do Verbo"[6] aí presentes. Reconhece também que em muitos deles a semente cresceu e produziu frutos. Isso pressupõe uma escuta respeitadora, que não imponha formulações da fé expressas a partir de outros pontos de referência culturais, que não correspondem ao seu contexto vital. Mas, pelo contrário, que se ouça "a voz de Cristo que fala através de todo o povo de Deus" (EC, 5).

121. É preciso captar aquilo que o Espírito do Senhor ensinou a esses povos ao longo dos séculos: a fé no Deus Pai-Mãe Criador, o sentido de comunhão e a harmonia com a terra, o sentido de solidariedade para com seus companheiros, o projeto do "bem viver", a sabedoria de civilizações milenárias que os anciãos possuem e que

---

[5] Cf. Parte I, Cap. III: *Tempo (Kairós)*, n. 30; Parte III, Cap. I: *Igreja com rosto amazônico e missionário*, nn. 107-108 e 114.

[6] Cf. São Justino, *Apologia* II, 8; *Ad Gentes*, n. 11.

influi sobre a saúde, a convivência, a educação, o cultivo da terra, a relação viva com a natureza e a "Mãe Terra", a capacidade de resistência e resiliência, em particular das mulheres, os ritos e as expressões religiosas, as relações com os antepassados, a atitude contemplativa e o sentido de gratuidade, de celebração e de festa, e o sentido sagrado do território.

122. A inculturação da fé não é um processo de cima para baixo, nem uma imposição externa, mas um mútuo enriquecimento das culturas em diálogo (interculturalidade).[7] Os sujeitos ativos da inculturação são os próprios povos indígenas. Como afirmou o papa Francisco, "a graça supõe a cultura" (EG, 115).

Sugestões

123. Seria oportuno:

a) Começar pela espiritualidade vivida pelos povos indígenas, em contato com a natureza e sua cultura, para que possam ser iluminados pela novidade de Cristo morto e ressuscitado e, nele, alcançar a plenitude.

b) Reconhecer a espiritualidade indígena como fonte de riqueza para a experiência cristã.

c) Dado que a narratividade é uma caraterística dos povos originários, mediante a qual eles transmitem sua sabedoria milenar, sugere-se uma catequese que

---

[7] Cf. Parte III, Cap. I: *Igreja com rosto amazônico e missionário*, n. 107.

assuma a linguagem e o sentido das narrações das culturas indígena e afrodescendente, em sintonia com as narrações bíblicas.

d) Do mesmo modo, seria oportuna uma pregação homilética que correspondesse às experiências vitais e à realidade socioambiental (cf. EG, 135-144), com um estilo narrativo. Espera-se que suscite o interesse e a participação dos fiéis e tenha presente a cosmovisão integral indígena, motivando uma conversão pastoral em vista de uma ecologia integral.

e) Diante de uma invasão colonizadora maciça dos meios de comunicação, as comunidades pediram com insistência comunicações alternativas, a partir de suas próprias línguas e culturas. Por isso, é conveniente que os próprios protagonistas indígenas se façam presentes nos meios de comunicação já existentes.[8]

f) Também seria oportuna a criação de novas emissoras radiofônicas da Igreja, promotoras do Evangelho e das culturas, tradições e línguas originárias.[9]

---

[8] Cf. Parte III, Cap. VI: *Missão dos meios de comunicação.*

[9] Cf. ibidem.

CAPÍTULO III

A CELEBRAÇÃO DA FÉ:
UMA LITURGIA INCULTURADA

"No meio da exigência diária de fazer
avançar o bem, a evangelização jubilosa
torna-se beleza na liturgia" (EG, 24).

124. A *Sacrosanctum Concilium* (nn. 37-40, 65, 77 e
81) propõe a inculturação da liturgia nos povos indígenas.
Sem dúvida, a diversidade cultural não ameaça a unidade
da Igreja, mas expressa sua catolicidade genuína, mostrando
"a beleza desse rosto pluriforme" (EG, 116). Por isso, "é
preciso ter coragem de encontrar os novos sinais, os novos
símbolos, uma nova carne para a transmissão da Palavra, as
diversas formas de beleza que se manifestam em diferentes
âmbitos culturais..." (EG, 167). Sem essa inculturação, a
liturgia pode reduzir-se a uma "peça de museu", ou a "uma
possessão de porcos" (EG, 95).

125. A celebração da fé deve realizar-se de maneira
inculturada, a fim de ser expressão da própria experiência religiosa e vínculo de comunhão da comunidade que
celebra. Uma liturgia inculturada será também caixa de
ressonância para as lutas e aspirações das comunidades, e
impulso transformador em vista de uma "terra sem males".

Sugestões

126. Sugere-se considerar o seguinte:

a) Constata-se a necessidade de um processo de discernimento em relação aos ritos, símbolos e estilos celebrativos das culturas indígenas em contato com a natureza, os quais devem ser assumidos no ritual litúrgico e sacramental. É necessário prestar atenção para captar o verdadeiro sentido do símbolo que transcende o meramente estético e folclórico, concretamente na iniciação cristã e no matrimônio. Sugere-se que as celebrações sejam festivas, com suas próprias músicas e danças, em línguas e com trajes originários, em comunhão com a natureza e com a comunidade. Uma liturgia que corresponda à sua própria cultura, para poder ser fonte e ápice de sua vida cristã (cf. SC, 10), e ligada às suas lutas, sofrimentos e alegrias.

b) Os sacramentos devem ser fonte de vida e remédio acessível a todos (cf. EG, 47), especialmente aos pobres (cf. EG, 200). Pede-se para superar a rigidez de uma disciplina que exclui e aliena, em prol de uma sensibilidade pastoral que acompanha e integra (AL, 297 e 312).

c) Por falta de sacerdotes, as comunidades têm dificuldade de celebrar com frequência a Eucaristia. "A Igreja vive da Eucaristia" e a Eucaristia edifica a Igreja.[1] Por isso, pede-se que, em vez de deixar

---

[1] João Paulo II, *Ecclesia de Eucharistia* (2003), 1. Cap. II.

as comunidades sem a Eucaristia, se alterem os critérios para selecionar e preparar os ministros autorizados para celebrá-la.

d) Em vista de uma "salutar 'descentralização'" da Igreja (EG, 16), as comunidades pedem que as Conferências Episcopais adaptem o ritual eucarístico às suas culturas.

e) As comunidades pedem maiores apreciação, acompanhamento e promoção da piedade com a qual o povo pobre e simples expressa sua fé, mediante imagens, símbolos, tradições, ritos e outros sacramentais. Tudo isso tem lugar através de associações comunitárias que organizam vários eventos, como orações, peregrinações, visitas a santuários, procissões e festas patronais. Trata-se da manifestação de uma sabedoria e espiritualidade que constitui um autêntico lugar teológico, dotado de um enorme potencial evangelizador (cf. EG, 122-126).

Capítulo IV

A ORGANIZAÇÃO
DAS COMUNIDADES

"É justo reconhecer a existência
de esperançosas iniciativas que surgem das
vossas próprias realidades locais e das vossas
organizações" (Fr.PM).

A cosmovisão dos indígenas

127. A Igreja deve encarnar-se nas culturas amazônicas que possuem um elevado sentido de comunidade, igualdade e solidariedade, e por isso não se aceita o clericalismo em suas diferentes formas de manifestação. Os povos originários possuem uma rica tradição de organização social, na qual a autoridade é rotativa e dotada de um profundo sentido de serviço. A partir dessa experiência de organização, seria oportuno voltar a considerar a ideia de que o exercício da jurisdição (poder de governo) deve estar vinculado em todos os âmbitos (sacramental, judicial e administrativo) e de maneira permanente ao sacramento da Ordem.

Distâncias geográficas e pastorais

128. Para além da pluralidade de culturas no interior da Amazônia, as distâncias causam um problema pastoral grave, que não se pode resolver unicamente com instrumentos mecânicos e tecnológicos. As distâncias geográficas abrangem também distâncias culturais e pastorais que, portanto, exigem a passagem de uma "pastoral de visita" para uma "pastoral de presença", a fim de voltar a configurar a Igreja local em todas as suas expressões: ministérios, liturgia, sacramentos, teologia e serviços sociais.

Sugestões

129. As seguintes sugestões das comunidades recuperam aspectos da Igreja primitiva, quando ela respondia a suas necessidades criando os ministérios oportunos (cf. At 6,1-7; 1Tm 3,1-13):

a) Novos ministérios para responder de modo mais eficaz às necessidades dos povos amazônicos:

1. Promover vocações autóctones de homens e mulheres, como resposta às necessidades de atenção pastoral-sacramental; sua contribuição decisiva consiste no impulso para uma autêntica evangelização do ponto de vista indígena, segundo seus usos e costumes. Trata-se de indígenas que apregoem a indígenas a partir de um profundo conhecimento de sua cultura e de sua língua, capazes de comunicar a mensagem do Evangelho com a força e a eficácia de quem dispõe de uma bagagem cultural. É necessário passar de uma "Igreja que visita" para uma "Igreja que permanece", acompanha e está

presente através de ministros provenientes de seus próprios habitantes.

2. Afirmando que o celibato é uma dádiva para a Igreja, pede-se que, para as áreas mais remotas da região, se estude a possibilidade da ordenação sacerdotal de pessoas idosas, de preferência indígenas, respeitadas e reconhecidas por sua comunidade, mesmo que já tenham uma família constituída e estável, com a finalidade de assegurar os sacramentos que acompanhem e sustentem a vida cristã.

3. Identificar o tipo de ministério oficial que pode ser conferido à mulher, levando em consideração o papel central que hoje ela desempenha na Igreja amazônica.

b) Papel dos leigos:

1. As comunidades indígenas são participativas, com um elevado sentido de corresponsabilidade. Por isso, pede-se para valorizar o protagonismo dos cristãos leigos e leigas, reconhecendo-lhes seu espaço, a fim de que se tornem agentes da Igreja em saída.

2. Proporcionar caminhos de formação integral para assumir seu papel de animadores de comunidades com credibilidade e corresponsabilidade.

3. Criar itinerários formativos à luz da Doutrina Social da Igreja, com uma abordagem amazônica para leigos e leigas que trabalham em territórios amazônicos, de modo especial em âmbitos de cidadania e de política.

4. Abrir novos canais de processos sinodais, com a participação de todos os fiéis, tendo em vista a organização da comunidade cristã para a transmissão da fé.

c) Papel da mulher:

1. No campo eclesial, a presença feminina no seio das comunidades nem sempre é valorizada. Reclama-se o reconhecimento das mulheres a partir de seus carismas e talentos. Elas pedem para recuperar o espaço que Jesus reservou às mulheres, "onde todos/todas cabemos".[1]

2. Propõe-se, inclusive, que às mulheres seja garantida sua liderança, assim como espaços cada vez mais abrangentes e relevantes na área da formação: teologia, catequese, liturgia e escolas de fé e de política.

3. Também se pede que a voz das mulheres seja ouvida, que elas sejam consultadas e participem nas tomadas de decisões e, desse modo, possam contribuir com sua sensibilidade para a sinodalidade eclesial.

4. Que a Igreja acolha cada vez mais o estilo feminino de atuar e de compreender os acontecimentos.

d) Papel da vida consagrada:

1. "Os povos latino-americanos e caribenhos esperam muito da vida consagrada [... que mostra]

---

[1] Cf. Sint. REPAM, p. 78.

o rosto materno da Igreja. Seu desejo de escuta, acolhida e serviço, e seu testemunho dos valores alternativos do Reino, mostram que uma nova sociedade latino-americana e caribenha, fundada em Cristo, é possível" (DAp, 224). É por tal razão que se propõe promover uma vida consagrada alternativa e profética, intercongregacional, interinstitucional, com um sentido de disposição para estar onde ninguém quer estar e com quem ninguém quer estar.

2. Apoiar a inserção e a itinerância dos consagrados e consagradas ao lado dos mais desfavorecidos e excluídos, e a incidência política para transformar a realidade.

3. Incentivar os religiosos e as religiosas que vêm de fora a compartilhar a vida local com coração, cabeça e mãos, a fim de desaprender modelos, receitas, esquemas e estruturas predefinidos, para aprender línguas, culturas, tradições de sabedorias, cosmologias e mitologias autóctones.

4. Considerando as urgências pastorais, e perante a tentação do ativismo imediatista, recomenda-se dedicar tempo à aprendizagem da língua e da cultura para gerar vínculos e desenvolver uma pastoral integral.

5. Aconselha-se que a formação para a vida religiosa inclua processos formativos focados a partir da interculturalidade, inculturação e diálogo entre espiritualidades e cosmovisões amazônicas.

6. Sugere-se que se dê prioridade às necessidades dos povos locais e não às das congregações religiosas.

e) Papel dos jovens:

1. É urgente um diálogo com os jovens, para ouvir suas necessidades.

2. É necessário acompanhar processos de transmissão e aceitação da herança cultural e linguística nas famílias,[2] para superar as dificuldades na comunicação intergeracional.

3. Os jovens se encontram entre dois mundos, entre a mentalidade indígena e a atração da mentalidade moderna, sobretudo quando migram para as cidades. Por um lado, são necessários programas para fortalecer sua identidade cultural ante a perda de seus valores, idiomas e relação com a natureza; por outro lado, programas para ajudá-los a entrar em diálogo com a cultura urbana moderna.

4. Urge enfrentar o problema da migração de jovens para as cidades.[3]

5. É necessária maior ênfase na defesa e na recuperação das vítimas das redes de narcotráfico e do tráfico de pessoas, assim como da dependência das drogas e do álcool.

---

[2] Cf. Parte II, Cap. V: *Família e comunidade.*

[3] Cf. Parte II, Cap. III: *Migração.*

f) Dioceses de fronteira:

1. A fronteira constitui uma categoria fundamental da vida dos povos amazônicos. É o lugar por excelência do agravamento dos conflitos e das violências, onde não se respeita a lei e a corrupção mina o controle do Estado, deixando campo livre a muitas empresas para uma exploração indiscriminada. Por tudo isso, é necessário um trabalho que ajude a ver a Amazônia como uma casa de todos, que merece o cuidado de todos. Propõe-se uma ação pastoral conjunta entre as Igrejas fronteiriças para enfrentar os problemas comuns, como a exploração do território, a delinquência, o narcotráfico, o tráfico de pessoas, a prostituição etc.

2. Convém incentivar e fortalecer o trabalho em redes de pastoral de fronteira, como caminho de ação pastoral social e ecológica mais eficaz, dando continuidade ao serviço da REPAM.

3. Dadas as caraterísticas próprias do território amazônico, deve-se considerar a necessidade de uma estrutura episcopal amazônica para implementar o Sínodo.

4. Pede-se a criação de um fundo econômico de apoio à evangelização, à promoção humana e à ecologia integral, principalmente para a implementação das propostas do Sínodo.

Capítulo V

A EVANGELIZAÇÃO NAS CIDADES[1]

"Uma cultura inédita palpita
e está em elaboração na cidade" (EG, 73).

Missão urbana

130. São João Paulo II nos advertiu: "Hoje a imagem da missão *ad gentes* talvez esteja mudando: lugares privilegiados deveriam ser as grandes cidades, onde surgem novos costumes e modelos de vida, novas formas de cultura e comunicação, que depois influem na população" (RM, 37b). A Igreja tem necessidade de estar em diálogo permanente com a realidade urbana, que exige respostas diferentes e criativas. Para tal, é preciso que os sacerdotes, religiosos, religiosas e leigos dos diferentes ministérios, movimentos, comunidades e grupos de uma mesma cidade ou diocese estejam cada vez mais unidos na realização de uma ação missionária conjunta, inteligente, capaz de unir as forças. A missão urbana somente avançará se houver uma grande comunhão entre os trabalhadores da vinha do Senhor, porque, diante da complexidade da cidade, a ação pastoral individual e isolada perde eficácia.

---

[1] Cf. Parte II, Cap. IV: *Urbanização.*

Desafios urbanos

131. Não obstante seus desafios, a cidade pode transformar-se em explosão de vida. As cidades fazem parte do território, portanto, devem cuidar da floresta e respeitar os indígenas. Pelo contrário, muitos dos habitantes das cidades amazônicas consideram os indígenas como um obstáculo para seu progresso e vivem de costas viradas para a floresta.

132. Na cidade, o indígena é um migrante, um ser humano sem terra e o sobrevivente de uma batalha histórica pela demarcação de sua terra, com sua identidade cultural em crise. Nos centros urbanos, os organismos governamentais evitam frequentemente a responsabilidade de lhes garantir seus direitos, negando-lhes sua identidade e condenando-os à invisibilidade. Por sua vez, algumas paróquias ainda não assumiram plena responsabilidade no mundo multicultural, que espera uma pastoral específica, missionária e profética.

133. Um fenômeno importante a considerar é o vertiginoso crescimento das recentes Igrejas evangélicas de origem pentecostal, especialmente nas periferias.[2]

134. Tudo isso nos leva a perguntar: que estrutura paroquial pode responder melhor ao mundo urbano, onde o anonimato, a influência dos meios de comunicação e a evidente desigualdade social reinam de maneira suprema? Que tipo de educação as instituições católicas podem promover nos níveis formal e informal?

---

[2] Cf. Parte III, Cap. V: *Diálogo ecumênico e inter-religioso.*

Sugestões

135. Seria conveniente:

a) Promover uma pastoral específica dos indígenas que vivem na cidade, na qual eles mesmos sejam protagonistas.

b) Fomentar a integração dos indígenas nas diferentes atividades pastorais da paróquia, com acompanhamento e formação, valorizando cada vez mais sua contribuição.

c) Projetar uma estratégia de trabalho pastoral comum nas cidades.[3]

d) Repensar as estruturas eclesiais, superando as formas culturais desatualizadas que adquirimos ao longo dos séculos.[4]

e) Incentivar espaços de formação integral.[5]

f) Conscientizar acerca da importância vital da inserção da cidade no território e da valorização da floresta e de seus habitantes. Promover as mudanças necessárias nas estruturas sociais e econômicas, a fim de que o desenvolvimento da cidade não represente uma ameaça.

g) Sensibilizar a comunidade a respeito das lutas sociais, apoiando os distintos movimentos sociais,

---

[3] Cf. Parte II, Cap. IV: *Urbanização.*

[4] Cf. Parte III, Cap. IV: *A organização das comunidades.*

[5] Cf. Parte II, Cap. VIII: *Educação integral.*

para promover uma cidadania ecológica e defender os direitos humanos.[6]

h) Impelir uma Igreja missionária e evangelizadora, visitando e ouvindo a realidade presente nos novos bairros.

i) Atualizar a opção pelos jovens,[7] procurando uma pastoral em que eles mesmos se tornem protagonistas.[8]

j) Tornar-se presente nos meios de comunicação, para evangelizar e incentivar as culturas originárias.[9]

---

[6] Cf. Parte III, Cap. VII: *O papel profético da Igreja e a promoção humana integral.*

[7] Cf. DP, 1166-1205; Documento final da XV Assembleia Geral Ordinária do Sínodo dos Bispos sobre *Os jovens, a fé e o discernimento vocacional*; Francisco, Exortação Apostólica pós-sinodal *Christus Vivit* (25 de março de 2019).

[8] Cf. Parte III, Cap. IV: *A organização das comunidades.*

[9] Cf. Parte III, Cap. II: *Desafios da inculturação e da interculturalidade.*

CAPÍTULO VI

DIÁLOGO ECUMÊNICO E INTER-RELIGIOSO

"Procuremos agora delinear
grandes percursos de diálogo que nos ajudem
a sair da espiral de autodestruição
em que estamos afundando" (LS, 163).

136. O diálogo ecumênico se realiza entre pessoas que compartilham a fé em Jesus Cristo como Filho de Deus e Salvador e, a partir das Sagradas Escrituras, procuram oferecer um testemunho comum. O diálogo inter-religioso se realiza entre crentes que compartilham suas vidas, suas lutas, suas preocupações e suas experiências de Deus, fazendo de suas diferenças um estímulo para crescer e aprofundar a própria fé.

137. Determinados grupos propagam uma teologia da prosperidade e do bem-estar, com base em uma leitura própria da Bíblia. Existem tendências fatalistas que procuram inquietar e, com uma visão negativa do mundo, oferecem uma ponte de salvação segura. Alguns através do medo, outros mediante a busca do sucesso, influenciam negativamente os grupos amazônicos.

138. Entretanto, no meio da floresta amazônica há outros grupos presentes ao lado dos mais pobres, realizando uma obra de evangelização e de educação; são muito atraentes para os povos, embora não valorizem positivamente suas culturas. Sua presença permitiu-lhes ensinar e divulgar a Bíblia traduzida nas línguas autóctones. Em grande parte, esses movimentos se propagaram por causa da ausência de ministros católicos. Seus pastores formaram pequenas comunidades com rosto humano, onde os indivíduos se sentem valorizados pessoalmente. Outro fator positivo é a presença local, próxima e concreta dos pastores que visitam, acompanham, consolam, conhecem e rezam pelas necessidades reais das famílias. Trata-se de pessoas como as outras, fáceis de encontrar, que vivem os mesmos problemas e se tornam "mais próximas" e menos "diferentes" para o resto da comunidade. Elas nos mostram outro modo de ser Igreja, em que o povo se sente protagonista, em que os fiéis podem expressar-se livremente, sem censuras, dogmatismos, nem disciplinas rituais.

Sugestões

139. Seria oportuno:

a) Buscar elementos comuns, por meio de encontros periódicos, para trabalhar juntos pelo cuidado da Casa Comum e para lutar de forma conjunta pelo bem comum contra as agressões externas.

b) Considerar quais aspectos de ser Igreja nos ensinam e quais devem ser incorporados nos novos caminhos da Igreja amazônica.

c) Incentivar a tradução da Bíblia nas línguas autóctones da Amazônia.

d) Promover encontros com teólogos cristãos evangélicos.

Capítulo VII

MISSÃO DOS MEIOS
DE COMUNICAÇÃO

"A Igreja dará maior importância aos meios
de comunicação social, empregando-os para
a evangelização" (DP, cap. IV).

Meios, ideologias e culturas

140. Um dos grandes desafios da Igreja consiste em pensar de que modo se deve situar neste mundo interligado. Os meios de comunicação social de massa transmitem padrões de comportamento, estilos de vida, valores, mentalidades que influenciam, veiculando uma cultura que tende a impor-se e a uniformizar nosso mundo interligado. Trata-se do problema da sedução ideológica da mentalidade consumista, que atinge sobretudo a juventude. Em muitos casos, os jovens são levados a não valorizar – e até a rejeitar – a própria cultura e suas tradições, aceitando de maneira acrítica o modelo cultural predominante. Isso provoca o desenraizamento e a perda de identidade.

Meios de comunicação da Igreja

141. A Igreja conta com uma infraestrutura de meios, sobretudo de estações de rádio, que constitue o principal meio de comunicação. Os meios podem ser um instrumento muito importante para transmitir o estilo de vida evangélico, seus valores e seus critérios. Também são espaços para informar o que acontece na Amazônia, principalmente no que diz respeito às consequências de um estilo de vida que destrói, e que os meios nas mãos de grandes corporações ocultam. Já existem alguns centros de comunicação social geridos pelos próprios indígenas, que experimentam a alegria de poder fazer ouvir suas próprias palavras e sua voz, não somente às suas comunidades, mas também fora delas. O mundo indígena mostra valores que o mundo moderno não tem. Por isso, é importante que a emancipação dos meios de comunicação chegue aos próprios nativos. Sua contribuição pode ter ressonância e ajudar na conversão ecológica da Igreja e do planeta. Trata-se de fazer com que a realidade amazônica saia da Amazônia e tenha repercussão planetária.

Sugestões (cf. DAp, 486)

142. Sugere-se:

a) A formação integral de comunicadores autóctones, especialmente indígenas, para fortalecer as narrativas próprias do território.

b) A presença de agentes pastorais nos meios de comunicação de massa.

c) A constituição, a promoção e o fortalecimento de novas emissoras de rádio e televisão, com conteúdos apropriados à realidade amazônica.

d) A presença da Igreja na internet e nas demais redes de comunicação, para dar a conhecer ao mundo a realidade amazônica.

e) A articulação dos diferentes meios de comunicação nas mãos da Igreja e daqueles que trabalham em outros meios, em um plano pastoral específico.

f) Gerar e propagar conteúdos sobre a relevância da Amazônia, de seus povos e de suas culturas para o mundo, a ser promovidos nas estruturas e canais da Igreja universal.

Capítulo VIII

O PAPEL PROFÉTICO
DA IGREJA E A PROMOÇÃO
HUMANA INTEGRAL

"A partir do coração do Evangelho,
reconhecemos a conexão íntima que existe
entre evangelização e promoção humana,
que se deve necessariamente exprimir e
desenvolver em toda a ação evangelizadora"
(EG, 178).

Igreja em saída

143. A Igreja tem a missão de evangelizar, o que
implica, ao mesmo tempo, comprometer-se a promover o
cumprimento dos direitos dos povos indígenas. Com efeito,
quando esses povos se reúnem, falam de espiritualidade,
assim como do que lhes acontece e de suas problemáticas
sociais. A Igreja não pode deixar de se preocupar com a
salvação integral da pessoa humana, o que comporta favorecer a cultura dos povos indígenas, falar de suas exigências
vitais, acompanhar os movimentos e reunir forças para lutar
por seus direitos.

Igreja à escuta

144. Na voz dos pobres se encontra o Espírito; por isso, a Igreja deve escutá-los, são um lugar teológico. Ao ouvir a dor, o silêncio torna-se necessário para ouvir a voz do Espírito de Deus. A voz profética implica uma nova visão contemplativa, capaz de misericórdia e de compromisso. Como parte do povo amazônico, a Igreja volta a definir sua profecia, a partir da tradição indígena e cristã. Mas significa também rever com consciência crítica uma série de comportamentos e realidades dos povos indígenas que são contrários ao Evangelho. O mundo amazônico pede à Igreja que seja sua aliada.

Igreja e poder

145. Ser Igreja na Amazônia de maneira realista significa levantar profeticamente o problema do poder, porque nessa região o povo não tem possibilidade de fazer valer seus direitos ante as grandes corporações econômicas e instituições políticas. Atualmente, questionar o poder na defesa do território e dos direitos humanos significa arriscar a vida, abrindo um caminho de cruz e martírio. O número de mártires na Amazônia é alarmante (por ex., somente no Brasil, de 2003 a 2017, foram assassinados 1.119 indígenas por terem defendido seus territórios).[1] A Igreja não pode permanecer indiferente, mas, pelo contrário, deve contribuir para a proteção das/dos defensores de direitos humanos, e

---

[1] Cf. CIMI, "Relatório de violência contra os Povos Indígenas no Brasil".

fazer memória de seus mártires, entre elas mulheres líderes como a Irmã Dorothy Stang.

Sugestões

146. Como comunidade solidária em nível mundial, a Igreja reage responsavelmente perante a situação global de injustiça, pobreza, desigualdade, violência e exclusão na Amazônia. O pressuposto fundamental é o reconhecimento das relações injustas. Por isso, é necessário:

a) Assumir a denúncia contra modelos extrativistas que prejudicam o território e violam os direitos das comunidades. Levantar a voz diante de projetos que afetam o meio ambiente e promovem a morte.

b) Aliar-se aos movimentos sociais de base, para anunciar profeticamente uma agenda de justiça rural que promova uma profunda reforma agrária, incentivando a agricultura orgânica e agroflorestal. Assumir a causa da agroecologia, incorporando-a em seus processos formativos em vista de maior conscientização das próprias populações indígenas.[2]

c) Fomentar a formação, defesa e exigibilidade dos direitos humanos dos povos da Amazônia, das outras populações e da natureza. Defender as minorias e os mais vulneráveis.

d) Ouvir o clamor da "Mãe Terra", agredida e gravemente ferida pelo modelo econômico de desenvolvimento

---

[2] Cf. Sint. REPAM, p. 142 e 146.

predador e ecocida, que mata e saqueia, destrói e dissipa, expulsa e descarta, pensado e imposto a partir de fora e a serviço de poderosos interesses externos.

e) Promover a dignidade e a igualdade da mulher na esfera pública, particular e eclesial, assegurando canais de participação, combatendo a violência física, doméstica e psicológica, o feminicídio, o aborto, a exploração sexual e o tráfico, comprometendo-se a lutar para garantir seus direitos e para superar qualquer tipo de estereótipo.

f) Favorecer uma nova consciência ecológica, que nos leve a mudar nossos hábitos de consumo, a estimular o uso de energias renováveis, evitando materiais nocivos e implementando outros itinerários de ação, em conformidade com a Encíclica *Laudato Si'*.[3] Encorajar alianças para combater o desmatamento e estimular a reflorestação.

g) Assumir sem medo a aplicação da opção preferencial pelos pobres na luta dos povos indígenas, das comunidades tradicionais, dos migrantes e dos jovens, para configurar a fisionomia da Igreja amazônica.

h) Criar redes de colaboração nos espaços de incidência regional, internacional e global, nos quais a Igreja participe organicamente, a fim de que os próprios povos possam manifestar suas denúncias contra a violação de seus direitos humanos.

---

[3] Cf. Parte II, Cap. IX: *A conversão ecológica.*

Conclusão

147. Durante este longo percurso do *Instrumentum Laboris*, ouviu-se a voz da Amazônia à luz da fé (Parte I), com a intenção de responder ao clamor do povo e do território amazônico por uma ecologia integral (Parte II) e por novos caminhos para uma Igreja profética na Amazônia (Parte III). Essas vozes amazônicas exortam a dar uma resposta renovada às diferentes situações e a procurar novos caminhos que possibilitem um *kairós* para a Igreja e o mundo. Concluamos sob o amparo de Maria, venerada com vários títulos na Amazônia inteira. Esperemos que este Sínodo seja uma expressão concreta da sinodalidade de uma Igreja em saída, para que a vida plena que Jesus veio trazer ao mundo (cf. Jo 10,10) chegue a todos, especialmente aos pobres.

Rua Dona Inácia Uchoa, 62
04110-020 – São Paulo – SP (Brasil)
Tel.: (11) 2125-3500
http://www.paulinas.com.br – editora@paulinas.com.br
Telemarketing e SAC: 0800-7010081